Dale Dauten

DIE MAX-STRATEGIE

Wie ein Geschäftsmann in einem Flughafen festsaß
und dadurch seine Karriere zum Abheben brachte

Aus dem Englischen von Susanne Langmair-Kovacs

SIGNUM

Die Deutsche Bibliothek - CIP-Einheitsaufnahme

Dauten, Dale:
Die Max-Strategie : wie ein Geschäftsmann in einem Flughafen festsass und
dadurch seine Karriere zum Abheben brachte / Dale Dauten.
[Aus dem Engl. von Susanne Langmair-Kovacs]. -
Wien : Signum-Verl., 1996
Einheitssacht.: The Max strategy <dt.>
ISBN 3-85436-203-X

Cover: Heinz Linhart
Umschlagfoto: © Tony Stone / Lonnie Duka
Layout: Ulrich Wagensommerer
Druck: Druckerei ALWA, A-1140 Wien, Flachgasse 5

ISBN 3-85436-203-X

Wien 1996

Dale Dauten
Die Max-Strategie

Für Hilary,
Trevor und Joel

Jedes Kind wird als Künstler geboren.
Das Problem liegt darin, ein Künstler zu bleiben.
Pablo Picasso

Man kann Schweine nicht mit Schweinen übertreffen.
Walt Disney
(Einwand gegen die geplante Fortsetzung seines Zeichentrickfilms „Drei kleine Schweinchen“)

Mein Sohn, versuche alles in Deinem Leben –
außer Inzest und Volkstanz.
George S. Kaufman

KAPITEL 1

Es ist seltsam, wie sich Unglück in Glück verwandeln kann – und umgekehrt. Ich bin an einem Punkt angelangt, wo ich nicht mehr viel auf Glück oder Unglück gebe, sondern nur noch an Zufall glaube.

Nehmen wir als Beispiel eine Nacht, die eine der furchtbarsten meines Lebens zu werden drohte. Ich wollte von Chicago nach Hause fliegen, als ein Schneesturm den Flughafen O'Hare lahmlegte. Es war Mai, um Himmels willen, und doch tobte draußen dieser Blizzard. Für Chicagoer Begriffe kein schwerer, aber die Pflüge waren schon in ihre Sommerquartiere weggebracht worden, so daß die Runways erst am Morgen geräumt werden konnten. (Wenn ich diese Erklärung hier niederschreibe, klingt sie nicht sehr einleuchtend, aber ich schwöre, daß wir genau das zu hören bekamen.)

Aus welchem Grund auch immer sie den Flughafen schlossen – ich saß für 26 Stunden in einem der Terminals des guten alten O'Hare fest. Zu diesem Zeitpunkt erschien mir meine Lage *alles andere* als glücklich. Ich hatte mich drei Tage lang geschäftlich in Chicago aufgehalten und die letzten Treffen sausen lassen, um den frühen Nachmittagsflug zu errei-

chen und rechtzeitig zu Hause zu sein, um mit meiner Frau und meiner Tochter abendessen gehen zu können.
Statt dessen saß ich hier am Flughafen, umgeben von Tausenden mürrischen Geschäftsleuten und lärmenden Familien. Statt mit meiner Familie in einem Restaurant zu Abend zu essen, saß ich, an meine Tasche gelehnt, im Anzug auf dem Boden und zwang mich, zwei Schokoriegel, die ich noch aus dem Automaten ergattert hatte, langsam zu essen.
Als ich die Süßigkeiten kaute und mich meinen bitteren Gedanken hingab, beobachtete ich einen alten Kerl, der mit ein paar Kindern herumalberte. Es war nicht zu übersehen, daß sie nicht zu ihm gehörten – offensichtlich hatte er sich selbst zum Unterhaltungschef für die Hälfte der Vorschulkinder gemacht, die sich im Terminal aufhielten. Er ging auf die Siebzig zu, ein großer, lockerer Typ mit karierten Hosen, Polohemd und schriller Krawatte. Meiner schlechten Laune war es zuzuschreiben, daß ich mir dachte, der alte Esel sollte lieber in aller Stille über das Leben nach dem Tod nachdenken, statt die Kinder in einem Rollstuhl des Flughafens herumzuführen. Aber er war nun mal da und holperte mit ihnen durch die Gegend. Er fand alles, was sie taten, wahnsinnig komisch, und wenn er lachte, konnte man alle seine Zähne sehen.
Ich wünschte, er würde mit seinem Kindergarten hinunter in die Halle ziehen, damit ich in Frieden vor mich hinschmollen konnte. (Dieses Gefühl war damals typisch für mich: Er unterhielt sich prächtig, während es mir hundeelend ging.

Irgendwie fühlte ich mich ihm aber dennoch überlegen.) Endlich war der gute Alte fix und fertig. Aber was tut er jetzt? Er geht schnurstracks auf mich zu – so wie die Katze sich den einzigen Katzenhasser im ganzen Raum aussucht. Den Rücken an der Wand ließ er sich zu mir herunterrutschen, wischte sich mit einem Taschentuch den Schweiß von der Stirn und keuchte: „Hallo, hallo, mein Freund." Ohne eine Antwort abzuwarten, begann er, mir die Lebensgeschichten seiner neuen kleinen Kumpel zu erzählen: Einer hatte sechs Brüder, ein anderer hatte sich das Handgelenk gebrochen und trug nun einen Gips und so weiter und so weiter.

Er ließ sich häuslich nieder und redete sich warm. Dann schwenkte er zu ein paar Uraltwitzen über. Der einzige, den ich mir merkte, ging so: „Was bekommt man, wenn man einen Unitarier und einen Siebenten-Tag-Adventisten kreuzt? Einen, der an deine Tür klopft, ohne einen Grund dafür zu haben."

Sind Sie glücklich in Ihrem Job?

Als nächstes begann er, mir neugierige Fragen zu stellen: über meine Frau, meine Tochter und meine Heimatstadt. Dann fragte er mich über meinen Job aus: Was? Wo? Wie?

Ich beantwortete einige seiner Fragen ernsthaft, andere bog ich mit Witzeleien ab. Schon bald kam mir die Erkenntnis, daß er mehr zu fragen als ich zu witzeln hatte. Zu guter Letzt stellte er mir eine Frage, die mich wie ein Peitschenhieb traf: „Sind Sie glücklich in Ihrem Job?"

Zu diesem Zeitpunkt war es schon spät, und meine Müdigkeit und Feindseligkeit gewannen die Oberhand über meine Höflichkeit. Daher sagte ich ihm die bittere Wahrheit. Bevor ich so recht wußte, was ich tat, kam all der Frust, den ich immer unterdrückt hatte, aus mir heraus, alle Enttäuschungen, die sich wie Staub auf meinen Geist gelegt hatten.

„Ich bin", begann ich, „35 Jahre alt. Ich arbeite seit fast 15 Jahren. Und was habe ich nun vorzuweisen? Wovon kann ich behaupten, es erreicht zu haben? Alles, was ich sagen kann, ist: ‚Ich habe eine Reihe netter Zusatzleistungen neben meinem Gehalt.' Was ist das für ein Geschäft? Ich bin ein loyaler, hartarbeitender Kerl. Immer handelte ich richtig und intelligent. Ich für meinen Teil hielt mich an die Vereinbarungen. Aber meine Karriere lief in Zeitlupe ab. Wenn ich mich darüber beschwere, bekomme ich bloß zu hören: ‚Sie haben zumindest einen Arbeitsplatz.' Die verlangen doch nicht wirklich von mir, daß ich den Mund halte und mich dankbar zeige! Das ist so, als würde man sagen, leben sei nicht mehr, als noch nicht gestorben zu sein."

Ich unterbrach und fixierte den alten Mann: Wünschte er sich jetzt vielleicht, er hätte sich nie zu mir gesetzt? In diesem Augenblick war mir das gleichgültig.

Aber auf seinem Gesicht zeigte sich keine Spur von Enttäuschung. Vielmehr vermittelte er mir das Gefühl, berufliche Neugier zu empfinden, indem er seinen grauen Kopf leicht auf- und abbewegte und mir andeutete, fortzufahren.

„Die Leute, mit denen ich arbeite, sind großartig", sagte ich. „Die Leute sind nicht das Problem. Nicht einmal die Arbeit. Sie ist nicht schwer. Eben Arbeit. Arbeit zum Abarbeiten. Ich stecke jede Woche fünfzig Stunden hinein, Woche für Woche, und ehe ich mich's versehe, ist wieder ein Jahr vergangen. Du bekommst eine kleine Gehaltserhöhung. Der Chef erzählt dir, er wünschte, es wäre mehr. Er zuckt die Achseln und meint, eines Tages würde sich die Budgetsituation entspannen. Er selbst glaubt nicht daran – nicht mehr.
Und so sitze ich, wie fast alle heutzutage, in der Falle. Die Dinge könnten noch viel schlechter laufen, ich weiß. Aber ich kann auch nicht erkennen, daß sie viel besser würden. Da und dort erholt sich die Wirtschaft, aber wir alle wissen, daß die Glanzzeit der amerikanischen Industrie gekommen und wieder vergangen ist. Jeder hört die Horrorgeschichten von der Reorganisation der Unternehmen. Jeder hat Freunde, die seit Monaten oder sogar Jahren arbeitslos sind. Und noch immer kriegen wir zu hören, die wirtschaftliche Lage sei *gut!* Stellen Sie sich vor, was passiert, wenn wir einen sogenannten Abschwung zu verzeichnen haben.
Ich langweile mich und habe zugleich Angst. Alle paar Monate fange ich an, mir zu überlegen, daß ich mein Leben nicht einfach so ablaufen lassen kann – als spulte ich Rechnungen von einer Rolle ab. Ich muß Gelegenheiten nutzen, mutig und kühn sein, meine Träume ausleben. Alle paar Monate kaufe ich das neueste Selbsthilfebuch und versuche, einem neuen Traum auf die Spur zu kommen. Ich setze mir dann immer Ziele und beginne zu sparen, um ein Geschäft

aufzuziehen. Aber mit einer Frau, einem Kind, einer Hypothek und all den anderen Verpflichtungen komme ich nicht weit.“

Der Ausbruch

Ich überlegte, ob ich dem alten Kumpel von der Zeit erzählen sollte, in der ich tatsächlich eine eigene Firma eröffnet hatte. Bei meinen Freunden sorgt das für große Erheiterung. Sie erinnern sich an meine große Begeisterung während des Planungsstadiums und lieben es, mir all die kindischen Erwartungen unter die Nase zu reiben, die ich damals hatte. Für gewöhnlich vermied ich dieses Thema, aber da ich schon einmal begonnen hatte, entschloß ich mich, fortzufahren.
„Einmal versuchte ich, aus dem Ganzen auszubrechen. Drei von uns kratzten genug Geld zusammen, um ein kleines Geschäft aufzumachen: einen Kopierladen. Ich war einer der drei Investoren, einer der beiden anderen sollte den Laden führen. Unser Plan sah so aus, daß wir nach der Anlaufphase weitere Geschäfte gründen wollten, in denen wir alle vollzeitbeschäftigt sein sollten.“
„Und wie lief's?“ wollte er wissen.
„Tja, wir verloren das Anfangskapital. Da wir aber nicht aufgeben wollten, steckte jeder von uns noch mehr Geld hinein. Ich verlor meine Ersparnisse. Ich verlor zwei Freunde. Ich verlor meinen Traum. Und was, glauben Sie, sagte mir

jeder, als endlich alles vorbei war? – ‚Du hast wenigstens noch deinen Arbeitsplatz.'"

Die Zukunft

„Vielleicht habe ich in ein paar Jahren den Mumm, es noch einmal zu versuchen", fügte ich halbherzig hinzu. „Ich weiß aber selbst dann nicht, ob ich *je* das Geld für diesen zweiten Versuch haben werde. Ich hatte Geld für den Fall meiner Kündigung zur Seite legen müssen – alle paar Monate macht ein neues Gerücht die Runde. Und jedesmal, wenn ich in den Anzeigen der Börsenmakler lese, wieviel die Collegeausbildung eines Kindes kostet, komme ich mir beknackt vor, weil ich noch nicht zu sparen angefangen habe. Und außerdem ist da noch die Altersvorsorge. *Huch!* Rente. Ich glaube, dann kann ich endlich aufhören zu sagen: ‚Wenigstens habe ich noch einen Arbeitsplatz.' Statt dessen kann ich sagen: ‚Wenigstens bin ich noch nicht tot.'"

Schließlich hielt ich den Mund. Ich war zu weit gegangen. Vielleicht war der alte Kumpel selbst schon im Ruhestand und hatte ganz einfach nur nett zu mir sein wollen. Er verdiente es nicht, daß ich ihn mit meinen Problemen überhäufte. Also entschuldigte ich mich.

Er hielt den Blick auf mich gerichtet wie ein Botaniker, der eine neuentdeckte Pflanzenart betrachtet, tat meine Entschul-

digung mit einer Handbewegung ab und sagte: „Wozu gibt es Fremde?“ Das klingt wie eine sarkastische Bemerkung, war aber nicht so gemeint – nicht aus seinem Mund. Dieser Mann strahlte soviel Freundlichkeit aus, daß ich es bedauerte, so mißmutig gewesen zu sein.
Gerade als er etwas zu meinem Monolog sagen wollte, entdeckte ihn eine Gruppe von Kindern. Sie hatten noch einen von diesen dämlichen Rollstühlen gefunden.
Unter lachendem Protest ließ er sich von ihnen vom Boden aufziehen. Er drehte sich zu mir um, legte mir lange die Hand auf die Schulter und steckte mich so ein wenig mit seiner Lebensfreude an. Dann tanzte er mit sieben oder acht Kindern davon, die alle zusammen wahrscheinlich jünger waren als er. Ich versuchte, mich wieder in meine Lektüre zu vertiefen, war aber viel zu aufgewühlt.

Noch eine Fremde

Wenige Minuten darauf tauchte noch jemand auf, den ich nicht kannte. Diesmal war es eine junge Frau. Sie kniete sich vor mir nieder und deutete auf den Rollstuhl. „Sind Sie mit ihm unterwegs?“ fragte sie mit strahlendem Gesicht.
„Nein, nein“, antwortete ich mit leisem Kichern, um sie wissen zu lassen, daß ich zu kultiviert sei, um mit jemandem zu reisen, der karierte Hosen und eine schrille Krawatte trug.

„Oh, zu dumm“, meinte sie tief enttäuscht. Ich glaube, sie sah, daß ich verwirrt war. Sie fragte: „Heißt das, Sie wissen nicht, wer er ist?“

Es stellt sich heraus, daß dieser komische Kauz als Erfinder und Unternehmer ein Riesenvermögen gemacht hatte. Sie nannte mir seinen Namen: Max Elmore. Obwohl ich noch nie etwas von ihm gehört hatte, erfuhr ich, daß ihn Industrielle und Politiker als ihren Freund betrachteten. Präsidenten fragten *ihn* um Rat.

Sie können sich vorstellen, daß ich am liebsten in einem Mauseloch verschwunden wäre. Da hatte ich die Chance gehabt, ein wenig von seiner Erfahrung aufzusaugen, und mir war nichts Besseres eingefallen, als über meine Karriere zu nörgeln. Ich hatte mich nicht einmal vorgestellt. Ich hatte die Visitenkarte, geschweige den Lebenslauf, den ich immer in meiner Aktentasche trug, nicht hervorgezogen. Und selbst wenn er zurückkäme – warum sollte er eigentlich? –, würde ich den vernichtenden Eindruck, den ich gemacht hatte, nicht rückgängig machen können. „So ein Mist!“ dachte ich.

KAPITEL 2

Der alte Kerl kam tatsächlich rund eine Stunde später zurück. Wie vorhin lehnte er seinen Rücken an die Wand und ließ sich mit übertriebenem Keuchen hinunterrutschen.

Ich war bei unserer ersten Begegnung so ein Trottel gewesen, daß ich mich damit abfand, daß es sinnlos sein würde, ihn mit Worten heftig zu umschmeicheln, wenn ich eine zweite Chance auf ein Gespräch bekäme. Ich würde einfach versuchen, ihn zum Reden zu bringen und soviel wie möglich von ihm zu erfahren.

Wieder derselbe Mist

„Ich habe über Sie nachgedacht", sagte er mit einem Blick, den ich nicht deuten konnte. „Was Sie mir vorher erzählt haben, sind die Auswirkungen wirtschaftlicher Veränderungen auf das Individuum. Noch nie hörte ich jemanden, der das besser gekonnt hätte."

Na gut, dachte ich, wenigstens lobt er mich für irgendwas: Wenn ich schon jammere, dann bin ich wenigstens ein Weltmeister darin.
Er winkte einem der Kinder zum Abschied und begann wieder zu reden: „Während mir diese Kleinen die morschen Knochen zu brechen versuchten, dachte ich über das von Ihnen Gesagte nach. Zwei Dinge fielen mir ein. Eines davon war ein Zitat, ich glaube, es stammt von Edna St. Vincent Millay: ‚Es stimmt nicht, daß im Leben ein verdammtes Ding nach dem anderen kommt – es ist ein *einziges* verdammtes Ding.'"
Wieder ertönte sein wieherndes Lachen. „Und dann", fügte er noch immer lachend hinzu, „schoß mir eines der merkwürdigsten Wörter überhaupt durch den Kopf. Es ist ein Wort, das ich seit einem oder zwei Jahrzehnten nicht mehr gehört habe. Sie werden es nie erraten!"
„Irre?"
„Gut!" bellte er heraus. „Das klingt lustig, aber es war nicht *‚irre'*. Das Wort lautet *Stagflation*. Sie erinnern sich?"
Ich erinnerte mich. Es war mir gelungen, einen so großartigen Eindruck zu hinterlassen, daß ich gleichzeitig zur Personifizierung von „Stagnation" und „Inflation" geworden war.
Er meinte: „Ich dachte an diesen Ausdruck, weil die Wirtschaftsforscher bis zu dem Zeitpunkt, zu dem er geprägt wurde, immer gesagt hatten, Inflation und Stagnation könnten nicht nebeneinander existieren – es könne das eine oder das andere vorliegen, aber nicht beides. Und Sie führten mir vor Augen, daß unsere Wirtschaft eine weitere

denkunmögliche Paarung geschaffen hat – diesmal auf der Angestelltenebene. Die Paarung lautet ‚Langeweile' und ‚Angst'. Sie würden es nicht für möglich halten, daß diese zwei zusammen auftreten, aber da sind sie nun mal. Die Leute haben Jobs, die sie nicht mögen, und sie haben Angst, sie zu verlieren."

Im Zuge des weiteren Gesprächs nannte er dieses Phänomen *Karriere-Stagflation.* Bis dato war es immer so gewesen, daß mit der Verantwortung auch das Gehalt gestiegen ist. Heutzutage aber sind die Anforderungen an die Angestellten inflationär, während die Entschädigung dafür stagniert.

Die Suche nach einer lohnenden Karriere

Obwohl ich versuchte, ihn in die Rolle des Sprechenden zu drängen, nahm er mich weiter ins Verhör. Es interessierte ihn besonders, was ich denn unternommen hätte, um aus dem alten Trott auszubrechen und einen lohnenden Karriereweg einzuschlagen.

Er fragte mich, ob er sich meine Aktentasche als Unterlage ausleihen könne, zog einen Plastikschreiber aus seinem Mantel und schickte sich an, Notizen zu machen. Ich war, das können Sie mir glauben, beeindruckt, daß der Freund von Präsidenten solches Interesse für mich zeigte.

Die Selbsthilfeerfahrungen des 20. Jahrhunderts

„Erzählen Sie mir von Ihrer Erfolgsstrategie – Ihrer Aufstiegsphilosophie“, drängte er.
Obwohl ich Dutzende von Selbsthilfebüchern gelesen hatte, war ich mir nicht allzu sicher, ob ich so eine Strategie hatte, geschweige eine Philosophie. Daher sprach ich von den Büchern, die ich sehr gut gefunden hatte. Er teilte die Ideen daraus in zwei Kategorien, um so auf einer Seite die Selbsthilfeerfahrungen des späten 20. Jahrhunderts zusammenfassen zu können.
Die erste Hauptkategorie bildeten die „Zielsetzungen“. Unter dieser Rubrik listeten wir eine Reihe althergebrachter Klischees auf: „Man kann nicht ankommen, wenn man sein Ziel nicht kennt. – Richte den Blick immer auf den Horizont. – Man bekommt vom Leben das, was man von ihm erwartet. – Nehmen Sie Ihr Leben in die Hand.“
Die zweite Spalte hieß „Veränderung von Einstellungen“. Ich war ein wenig stolz darauf, die Überschrift „Schaffen Sie ein neues Ich“ vorgeschlagen zu haben. Hier ging es darum, sich von negativen Einstellungen zu befreien, die ich als „schlechte Gedanken“ und „Verhärtung der Denkkategorien“ kennengelernt hatte. Dann gab es da noch einige vage Vorstellungen über die Befreiung von einengenden Werten und deren Ersatz durch positiv besetzte Meldungen über Erfolg, Kraft, Energie und harte Arbeit. Als letzten Punkt

schlug ich vor: „Erfinden Sie das Rad nicht neu – bauen Sie Ihren Erfolg auf dem anderer auf."

Nachdem ich zu reden und er zu schreiben aufgehört hatte, schob der alte Knabe die Schreibunterlage zu mir herüber und fragte: „Haben wir's? Ist das eine gute Zusammenfassung der besten Überlegungen zum Thema Leistung?" Ich antwortete mit Ja.

„Ich möchte, daß Sie das an einen Platz geben, an dem Sie es sehen können", befahl er. „Geben Sie es auf den Badezimmerspiegel oder auf den Kühlschrank oder in die Nähe Ihres Schreibtisches. Aber bevor ich es Ihnen in die Hand drücke, will ich noch eines tun."

Und er nahm seinen Stift und malte ein riesiges X über die ganze Seite, mitten durch das, was er soeben geschrieben hatte.

KAPITEL 3

Nachdem er mir die Seite mit dem Konzept, das er gerade durchgestrichen hatte, in die Hand gedrückt hatte, nahm er ein zweites Blatt Papier und schrieb in großen Buchstaben einige Worte darauf. Er riß das zweite Blatt vom Block, gab es mir und sagte: „Hängen Sie das zur ersten Seite, ok?"

Dann stand er mit Schwung auf, rief einem Luftlinienangestellten hinterher und entfernte sich mit schnellen Schritten. Und so sah die zweite Seite aus ...

EXPERIMENTE
SCHEITERN
NIE!

KAPITEL 4

Sie können sich meine Verwirrung sicher vorstellen. Das fähigste Individuum, das mir jemals begegnet war, hatte mit zwei Strichen alles zunichte gemacht, was ich über Leistung wußte, und bot mir statt dessen drei Wörter an ... und zugegebenermaßen nicht gerade die überzeugendste Gruppe von drei Wörtern, die ich je gehört hatte. Rings um mich kam der Flughafen langsam zur Ruhe. Irgendjemand hatte den Großteil der Deckenbeleuchtung in unserem Gang ausgemacht, und durch das Fenster konnte man nun im Schein der roten, blauen und gelb-orangen Lichter den Schnee fallen sehen. Die Leute begannen, an ihr Gepäck gelehnt einzunicken. Ganz im Gegensatz zu mir – ich war hellwach und ging im Geiste Experimente durch, die gescheitert waren.

Gott sei Dank kam Max endlich zurück. Wäre er nicht gekommen, wäre ich für den Rest meines Lebens jedesmal, wenn jemand die Begriffe *Ziele* oder *Experiment* gesagt hätte, wieder total verblüfft dagestanden.

Er hatte irgendwie ein paar Hot dogs und Colas für uns aufgetrieben. Ich versuchte, ihn über das Experimentieren auszufragen, aber er war zu sehr damit beschäftigt, mich mit Wissen über die Lebensläufe der Flughafenbediensteten, die er soeben getroffen hatte, zu versorgen. Als ich das Gespräch endlich auf „Experimente scheitern nie“ zurücklenken konnte, bestand er darauf, zuerst den Inhalt der ersten Seite, nämlich meine aktuelle „Erfolgsstrategie“, durchzubesprechen. Seiner Anweisung folgend, zog ich die Anfangsseite wieder heraus, und er las den ersten Abschnitt über Zielsetzungen noch einmal.

Zielsetzungen, überarbeitete Fassung

Sein erster Kommentar lautete: „Sie müssen wissen, daß ich früher herumzugehen und den Leuten zu erzählen pflegte, *Leidenschaft* sei die Lösung für alle beruflichen Probleme. Das stimmt, wissen Sie. Wenn die Leute Arbeit verrichten, die sie lieben, macht es ihnen nichts aus, viel Zeit hineinzustecken, und ihre Begeisterung bei der Lösung von Problemen bewirkt, daß der Einfallsreichtum ganz von selbst kommt. Mit harter Arbeit und Kreativität bringt man alles zu einem guten Ende. Daher gebe ich Ihnen den Rat, den heutzutage jeder gibt: Tun Sie das, was Sie gerne tun!
Das ist ein guter Rat, aber hier liegt der Hase im Pfeffer: Die meisten Leute wissen nicht, welche Art von Arbeit sie *mögen*, welchen Job sie tagaus, tagein für den Rest ihres Lebens gerne machen würden. Oh, Tennis spielen würde

ihnen, sagen wir, vielleicht gefallen, und sie stünden gerne in der Weltrangliste. Aber sie wissen, daß eine Karriere als Tennisstar außerhalb ihrer Möglichkeiten liegt. Was heißt das also?

Die meisten Leute geben nur ungern zu, daß sie nichts mit Leidenschaft verfolgen – und erwecken damit den Eindruck, unbewegliche Klötze zu sein. Daher sagen sie: ‚Nun ja, ich bin mir nicht sicher, wofür ich mich begeistern kann, aber ich weiß, daß ich *gerne mit Menschen arbeite*.'" Er seufzte theatralisch. „Der einzige Job, den man *auf diese Art* ausschließt, besteht darin, nach Afrika zu gehen und unter Schimpansen zu leben." Als ich zu lachen aufgehört hatte, fügte er hinzu: „Oder die Leute lenken vom Thema ab, indem sie sagen: ‚Ich weiß noch nicht, was ich werden will, wenn ich groß bin.'"

Max starrte eine Weile an die Decke, und ich wartete still. Mit traurigem Unterton sprach er weiter: „Wer kann den Leuten, die so etwas sagen, einen Vorwurf machen? Die meisten haben ihr Leben gelebt, ohne ihre berufliche Leidenschaft entdeckt zu haben. Als sie aufwuchsen, war Sport für gewöhnlich die einzige Aktivität, der sich ihre Eltern mit Hingabe widmeten. Wenn ein Kind schließlich erkennt, daß es kein Profisportler werden wird, reißt das eine große Lücke. Die meiste Zeit über bleibt diese Lücke ungefüllt.

Ich machte mir oft Gedanken darüber, wie anders unsere Gesellschaft aussähe, wenn Eltern die Energie, die sie bei ihren Kindern in die Sportausübung stecken, in Musik, Sprachen oder Wissenschaft investierten."

Zielvergiftung und die dümmste Frage

Er schüttelte seinen zottigen Kopf, als wollte er eine Idee herausbeuteln. „Aber lassen Sie mich nicht vom Thema abschweifen. Es ging darum, daß einem etwas fehlt und man sich ausgeschlossen fühlt, wenn man keine Wunschlaufbahn vor Augen hat.

Wenn man andererseits aber von einer perfekten Karriere träumt, heißt das noch lange nicht, daß man allzu zuversichtlich sein kann. Im ganzen Land sind die Couchen der Psychologen mit Leuten besetzt, die stöhnen: ‚Ich habe den Job, den ich *immer wollte*, doch irgendwie bin ich *immer noch nicht glücklich*.' Diese Leute haben zu großes Vertrauen in ihre Planung. Sie leiden, wie ich es nenne, an *Zielvergiftung*." Seine Energie kehrte zurück, und er zwinkerte mir zu.

Vielleicht fühlte er, daß ich seinen Worten nicht mehr folgte, weil er plötzlich Anstalten machte aufzustehen und mir einen Rundgang im Terminal vorschlug.

„Genug der theoretischen Überlegungen", meinte er. „Sprechen wir in Beispielen. Ich werde Ihnen jetzt die Namen einiger Leute nennen. Jeder von ihnen veränderte irgendwann in seinem Leben sein Berufsziel. Lassen Sie sich erzählen, was passiert wäre, wenn jeder unbeirrbar einem früheren Traum nachgehangen wäre, ‚Verantwortung übernommen' und ‚sich geweigert hätte, einen Mißerfolg in Kauf zu nehmen'."

Zu diesem Zeitpunkt begann Max, Namen aus der Luft zu greifen und mir zu sagen, was aus ihnen geworden wäre, wenn sie an einem früheren Traum festgehalten hätten. An folgende kann ich mich erinnern:

Der Basketballspieler (Anm. d. Übers.) John Wooden wäre Zivilingenieur geworden.

Der TV-Manager (Anm. d. Übers.) Rod Serling wäre Turnlehrer gewesen.

Der Baseballspieler (Anm. d. Übers.) Reggie Jackson wäre beim Fußball geblieben.

Der Talkmaster Rush Limbaugh (Anm. d. Übers.) wäre noch immer PR-Mann einer Baseballmannschaft.

Die Schauspielerin (Anm. d. Übers.) Joan Rivers wäre Kaufhausleiterin gewesen.

Die Unternehmerin (Anm. d. Übers.) Mary Kay Ash wäre nach ihrer Laufbahn als Ausbildungsleiterin in den Ruhestand getreten.

Der Basketballspieler (Anm. d. Übers.) Chuck Daly wäre Schulverwalter oder vielleicht CIA-Bürokrat gewesen.

Der Filmproduzent (Anm. d. Übers.) Samuel Goldwyn wäre Handschuhmacher geblieben (und hätte seinen Namen Samuel Goldfish beibehalten).

Der russische Präsident (Anm. d. Übers.) Boris Jelzin wäre Bauleiter gewesen.

Max wurde bei seiner Aufzählung schließlich durch eine Frau unterbrochen, die ihre Schwester nicht finden konnte. Klar, daß sich der alte Knabe der Sache annahm und uns beide als Suchkommando abstellte. Sobald wir sie gefunden hatten, griff er die Zielsetzungsfrage wieder auf.
„Die dümmste Frage, die intelligente Leute stellen, lautet: ‚Was wollen Sie in fünf Jahren erreicht haben?' Dem Himmel sei Dank, daß ich vierzig Jahre lang kein Vorstellungsgespräch führen mußte – ich hasse diese Was-wollen-Sie-erreicht-haben-Frage. Ich habe vor, meine Persönlichkeit im Laufe der Zeit zu verändern. Ich weiß nicht, *wer* ich in fünf Jahren sein will, und noch weniger weiß ich, *was* ich sein will."

In der Gegend herumspringen

Was er da so leichthin sagte, erschien mir für eine praktische Umsetzung nicht zielführend. Ich unterbrach ihn, um ihm entgegenzuhalten: „Wenn man keine Ziele hat, kann man seinen Fortschritt nicht messen. Das bedeutet, daß man mittendrin keine Kurskorrekturen mehr vornehmen kann. Man *springt* bloß wie ein Ball in der Gegend *herum.*"
„Nichts gegen das Herumspringen!" schrie er und ließ sein bellendes Lachen ertönen. „Das Leben ist ein einziges Herumspringen!"

Er packte mich an der Schulter und drückte sie fest. „Dieser Teil wird nicht einfach werden. Bleiben Sie bei mir ..."

Das einzige Ziel

Er setzte fort: „Unsere Gesellschaft hat eine lineare Sicht von Zeit und Fortschritt. Unsere Schulen lehren sie gleichsam anhand der Osmose: Das Leben ist eine Abfolge von Verpflichtungen, die erfüllt, Fähigkeiten, die beherrscht, und Prüfungen, die abgelegt werden müssen. Man setzt sich ein Ziel und arbeitet darauf hin.

Aber das Leben läuft nicht nach Plan ab. Es erteilt auch Lektionen, die nicht im Lehrbuch stehen. Das Leben ist der Alptraum jedes Lehrers." Er warf mir einen fragenden Blick zu, um sich zu vergewissern, ob ich ihm folgen könnte. Ich nickte.

Er sagte: „Wer sich Ziele setzt, fühlt sich unter Kontrolle." Dann unterbrach er seine Ausführungen, deutete auf das noch immer in meiner Hand befindliche Blatt mit der „Erfolgsstrategie" und wollte es sehen.

„Sehen Sie her – auf diesem Stück Papier haben Sie angeführt, daß man ‚sein Leben in die Hand nehmen soll'. Daß ich nicht lache! Das Leben ist beileibe nicht so zahm. Ich habe es aufgegeben, dem Leben zu sagen, was es tun soll – es hört sowieso nicht auf mich."

Das klang für mich, als enthülle er mir das Geheimnis, wie man *nichts* erreicht. Ich biß mir auf die Zunge und ließ ihn fortfahren.

„Die meisten Leute setzen sich Ziele, um aus dem alten Trott auszubrechen. Aber bedenken Sie, mein Freund: Das Ziel von heute ist der Trott von morgen.“ Dann wiederholte er den Satz voller Selbstzufriedenheit in größerer Lautstärke: *„Das Ziel von heute ist der Trott von morgen.“*
Als nächstes meinte er: „Ich hatte immer nur ein einziges Ziel. Wollen Sie wissen, welches?“
Ich bejahte.
„Morgen ein anderer Mensch zu sein als heute.“

KAPITEL 5

Er sah mir an, daß ich nicht überzeugt war. „Vielleicht denken Sie jetzt, das sei zu einfach", meinte er. Ich zuckte die Achseln, selbst nicht wissend, was ich dachte.

„Mein einziges bescheidenes Ziel ist alles andere denn einfach zu erreichen", fuhr er fort. „*Jeden Tag* anders zu sein – das ist das einzige, was man probieren kann, um besser zu sein. Man kann nicht *besser* sein, ohne zuerst einmal *anders* zu sein. An jedem einzelnen Tag. Glauben Sie, das wird Sie nerven. Nein, ich schlage keinen einfachen Ausweg vor, das ist der anstrengende. Aber es ist auch der aufregende, der *lebendige* Ausweg."

Ich sehnte mich danach, ihm zu widersprechen, aber er kam immer mehr in Fahrt. „Das Leben bedeutet Entwicklung, und das Schöne an der Entwicklung ist, daß man nie weiß, worauf sie hinausläuft. Glauben Sie wirklich, daß der erste Fisch, der an Land kroch, ein langfristiges Ziel vor Augen hatte? Vielleicht dachte sich dieser Fisch: ‚Wenn ich das tue, dann wird es eines Tages Landfische geben, die auf Beinen gehen, und schließlich werden die Landfische in Automobilen

herumfahren und in einem Schnellimbiß Brötchen und eine Tasse Kaffee bestellen.'"
Ich mußte zugeben, daß Max Elmore es verstand, jemanden zum Nachdenken anzuregen. Er ging dabei allerdings zu schnell zu weit. Ich konnte ihm insofern zustimmen, als keines der von mir absolvierten Selbsthilfeprogramme zu etwas geführt hatte. Gewöhnlich analysierte ich mein Leben, um dann zum Schluß zu kommen, daß ich größere Veränderungen brauchte. Mindestens viermal hatte ich während der vergangenen zehn Jahre Lehrgangsprogramme angefordert, weil ich mir einbildete, auf einem anderen Gebiet von vorne anfangen zu müssen. Aber irgendwie veränderte sich nie etwas. Die Ziele entglitten mir einfach.

Herumspielen und sehen, was passiert

„Habe ich Sie überzeugt?" fragte er grinsend.
„Vielleicht", antwortete ich großzügig.
„Nicht gut genug. Es könnte helfen, wenn wir über Leute reden, die wirklich etwas geleistet haben. Nehmen Sie die Computerindustrie. Wissen Sie, warum Steve Wozniak den ersten Apple-Computer baute?"
„Nein."
„Nicht weil er die Welt verändern oder einem Großunternehmen vorstehen wollte. Damals – es ist übrigens noch nicht so lange her, Mitte der 70er Jahre – waren die einzigen Heim-

computer solche, die man aus Bausätzen zusammenstoppeln konnte. Wozniak war ein Techniker, der den Apple-Computer baute, um damit vor seinen Kumpels im Computerklub anzugeben. Keine großen Ziele also, bloß Prahlerei. Die Idee, den Apple zu vermarkten, stammte nicht einmal von ihm. Sein Freund Steven Jobs redete es ihm ein. Und als Wozniak den Apple II baute, wollte er beweisen, daß er einen Computer mit Farbbildschirm bauen könnte."

Danach fragte er mich, ob ich die Geschichte von Bill Gates und Microsoft kenne. Er erzählte mir: „Gates gibt zu, daß er einfach Schwein hatte, als er so reich wurde. Er besteht darauf, daß Geld nie sein Beweggrund war. Wissen Sie, was ihn motivierte?"

Max bellte förmlich: „Daß Computer *,nett'* sind. Das ist Gates' Wort: *nett*. Und er erklärte, daß sein Ziel immer darin bestanden hatte, von Computern die Dinge *,anders'* machen zu lassen. Auch diesen Ausdruck verwendete Gates: *anders*.

In Gesprächen mit Erfindern und Innovatoren taucht immer wieder Angeberei auf – zusammen mit dem Wort *anders*. Leute, die etwas erreichen, echte Macher, wissen nicht, worauf sie zusteuern – sie stellen sich bloß vor, daß sie herumspielen, und sehen, was passiert. Das ist sogar einer meiner Lieblingsausdrücke: ,Herumspielen und sehen, was passiert.'"

Irgendetwas störte mich, und ich unterbrach ihn: „Sie sagen: ,Keine Ziele. Herumspielen.' Das klingt verlockend, aber dann erreicht man ja bloß durch Zufall etwas."

Statt mit mir zu diskutieren, legte er den Arm um meine Schultern und drückte mich so fest, daß ich schon aufjaulen wollte. Er sprach mit dröhnender Stimme: „Jetzt werden Sie langsam *warm!*"

Freund Zufall

Max erzählte mir, wenn es nicht den Schneesturm gegeben hätte, der zur Schließung des Flughafens geführt hat, säße er jetzt in seinem Flugzeug nach London, um einen Vortrag übers Experimentieren zu halten. Kopfschüttelnd meinte er: „Es gibt da dreihundert Leute, die in ein paar Stunden in Erwartung meiner Rede in einem überteuerten Hotel aufkreuzen werden. Zu schlimm." Er ging hinüber zu ein paar schäbigen Gepäckstücken, zog seine Aktentasche heraus und kehrte mit etwas zurück, was sich als Unterlagen für seine Rede herausstellte. „Dann werden sie wieder soviel Wein trinken, daß die Hälfte von ihnen morgen ihren Freunden erzählt, sie hätten mich reden gehört, könnten sich aber an kein einziges Wort erinnern. Und sie werden zum Schluß kommen, daß ich überschätzt werde."

Er ließ seinen Blick über die rund um uns lümmelnden Fluggäste wandern. „Vielleicht sollte ich meine Rede hier im Terminal halten", sagte er in einem Bühnen-Flüsterton. Nach meinen bisherigen Erfahrungen mit ihm hielt ich es nicht für unmöglich, daß er dieses Vorhaben in die Tat umsetzen würde.

Statt dessen wandte er sich aber einer Stelle in seinem Vortrag zu, an der er sich mit der Arbeit des Wirtschaftswissenschaftlers Burton Malkiel über Aktienauswahl beschäftigte. Ich hatte diese Geschichte vom „Aufs-Geratewohl-Gehen“ schon gehört, hatte aber nicht im Traum daran gedacht, daß man sie auch bei irgendetwas anderem als beim Aussuchen von Aktien anwenden könnte. Nicht so Max Elmore: Er hatte an viele andere Anwendungen gedacht.

„Malkiel stellte sich einen imaginären Münzenwerf-Wettbewerb vor“, erklärte Max. „Tausend Teilnehmer in einer Reihe. Kopf gewinnt, Zahl verliert. Also werfen die tausend Leute ihre Münzen, rund fünfhundert haben Zahl und verlieren. Die fünfhundert mit Kopf werfen noch einmal. Nach sieben Würfen bleiben nur noch acht Werfer übrig.“

Den Text seiner Rede zu mir herüberreichend, erzählte er, wie Malkiels Beschreibung des Vorgangs weitergeht: „Zu diesem Zeitpunkt beginnen sich Menschentrauben zu bilden, um Zeugen der erstaunlichen Fähigkeiten dieser erfahrenen Münzenwerfer zu sein. Die Gewinner sind vom Ruhm überwältigt. Sie werden als Genies in der Kunst des Münzenwerfens gefeiert – ihre Biographien werden geschrieben, und die Leute lechzen nach ihrem Rat. Schließlich hatte es ja tausend Teilnehmer gegeben, und nur acht schafften es, dauernd Köpfe zu schnippen.“

Als ich in dieser Nacht in O'Hare von den Münzenwerfern las, war ich nur am Rande beeindruckt. Das alles mochte einen interessanten Kommentar über Anlageberater abgeben, aber ich war nicht bereit, Leistung als dummen Zufall gelten zu lassen, und brachte diese Meinung auch zum Ausdruck. Max lachte bloß leise. „Ihr Problem ist, daß Sie logisch denken. Ihre Denkweise ist immer noch die eines Schülers:

Erfüllen Sie alle Anforderungen, und Sie werden eine Eins bekommen. Sie wollen eine Liste von Anforderungen."

„Wer wollte das nicht?" fragte ich, nur um ihn auf die Probe zu stellen. „Sie lassen mich meine Ziele in den Wind schreiben, und was bekomme ich statt dessen? – Münzenwerfen."

Wieder umklammerte Max meine Schultern wie ein Schraubstock. Diesmal sagte er: „Natürlich müssen Sie zuerst alle Voraussetzungen für den Erfolg erfüllen. Wenn Sie nicht intelligent sind, hart arbeiten usw., wird die Sache in zehn von zehn Fällen danebengehen. Aber was glauben Sie, wird passieren, wenn Sie all die richtigen Dinge tun? – Es geht in neun von zehn Fällen daneben."

Bevor ich noch etwas dagegen einwenden konnte, hob er die Hand. „Denken Sie daran, wie viele großartige Novellen Sie gelesen haben, die nie zu Bestsellern wurden. Denken Sie, wie viele Schauspieler, die durchaus an ihre Kollegen am Broadway heranreichen, Sie in lokalen oder regionalen Theatern sehen. Ihr Problem ist weder das Talent noch die Arbeitsmoral; es liegt einfach daran, daß sie keine erfahrenen Münzenwerfer sind.

Aus diesem Grund verfolge ich eben nur dieses einzige Ziel: mich Tag für Tag zu ändern. Das heißt, daß ich weiter experimentieren muß, und bedeutet nichts anderes als Versuch und Irrtum, Herumspringen, Sich-Durchwursteln, Zufall und geschäftliches Durcheinander.

Denken Sie immer daran: Der Münzenwerfer, der die meisten Köpfe erzielt, ist derjenige, der die meisten Würfe hat. Wenn man genug Chancen bekommt, ist der Zufall ein Freund."

KAPITEL 6

Zu diesem Zeitpunkt war Mitternacht gerade vorbei, und auf den Anzeigetafeln verschwand die Ankündigung, daß die Start- und Landebahnen erst am Morgen wieder geöffnet würden. Die müden Passagiere rund um uns reagierten darauf mit Seufzen und Murren, ein paar zischten ordinäre Ausdrücke. So kam es, daß ich wahrscheinlich der einzige Mensch in O'Hare war, der diese Nachricht begrüßte. Ich hatte nämlich noch immer nicht erfahren, was „Experimente scheitern nie" bedeuten sollte.

Max hatte beschlossen, es sei Zeit für mich, anhand der Geschichte der Innovation eine Lektion in Sachen Zufall erteilt zu bekommen. Uns stand buchstäblich die ganze Nacht zum Geschichtenerzählen zur Verfügung, und sein Repertoire war riesig. Seine „erste Karriere" startete er als Journalist für das Wirtschaftsmagazin „The Business of Business", das es nicht mehr gibt. Indem er dort über Erfolge und Mißerfolge von Unternehmen berichtete, über Produkte, Dienstleistungen und Werbekampagnen, wurde er, wie er sagte, zum „Zeugen des Zufallsgenies". Diese Erfahrungen bewogen ihn dazu, Geschichten von Produktentdeckungen zu sammeln. Er begann mit dem, was er „den größten Konsumartikel aller Zeiten“ nannte.

Coca-Cola

„Meine Lieblingsgeschichte einer Produktentwicklung ist die von Coca-Cola“, hob er an. „Es geschah vor fast einem Jahrhundert und, um Ihrer Frage zuvorzukommen, es ging mir damals nicht darum, die Geschichte in die Zeitung zu bringen.

Es gab in Atlanta einen Apotheker namens John Pemberton, der für seine Kunden Dutzende von Produkten erfand. Die Mittel trugen alle klingende Namen: Haarfarbe ‚Königin von Indien‘, Hustensaft ‚Blumiger Erdball‘, Coca-Getränk ‚Französischer Wein‘, Lebertabletten ‚Triplex‘. Eines Tages geht Pemberton ins Hinterzimmer seiner Apotheke und überrascht zwei seiner Angestellten – Laufburschen –, wie sie seinen neuen Kopfwehsirup mit Wasser verdünnen und trinken ..., und zwar *ohne* Kopfweh zu haben.

Pemberton ist neugierig. Er trinkt das Zeug. Nicht schlecht. Wenn man es mit Klubsoda ein wenig zum Prickeln bringt, könnte es noch besser schmecken. Also fügt er Klubsoda bei und beschließt, das Getränk unter dem Namen Coca-Cola in seinem Geschäft anzubieten.

Und weil wir gerade dabei sind: Der fließende Schriftzug des Namens geht nicht auf eine Werbeagentur oder einen Künstler zurück. Auf diese Art und Weise schrieb Pembertons Geschäftspartner den Namen ins Kassabuch."

Er machte eine Pause und fragte mich, was ich von der Geschichte hielte. Ich erwiderte, ich hielte es zwar für ein reizvolles Stück Geschichte, sähe aber trotzdem keinen irgendwie gearteten Zusammenhang mit meiner Karriere.

„Wirklich?" fragte er und tat erstaunt.

„Was hätte ich tun sollen?" fragte ich. „Vielleicht ein paar Teenager aufsammeln, die in meinem Büro herumhängen, und hoffen, daß ihnen irgendetwas einfällt?"

Worauf er antwortete: „Nicht schlecht. Das könnte hinhauen."

Dann war er schon bei der nächsten Geschichte.

Keks mit Schokostückchen

Er begann mit der Frage: „Ein paar Kekse mit Schokostückchen von der Firma ‚Toll House' wären jetzt gar nicht so schlecht, oder?" Ich nickte. „Wissen Sie, wie sie erfunden wurden?" Ich wußte es nicht.

„In einem Hotel in Massachusetts namens Toll House machte sich Ruth Wakefield daran, Butterkekse zu backen. Diesmal wollte sie eine Schokoladeversion probieren. Sie zerkleinerte eine Tafel Bitterschokolade. Ursprünglich hatte sie vor, die Schokolade schmelzen zu lassen und unterzurühren, aber aus Zeitnot kürzte sie die Prozedur ab und warf die Schokostückchen einfach in den Rührapparat – in der Annahme, sie

würden während des Backens schmelzen und den gewünschten Effekt bringen.
Der Plan schlug fehl. Die Schokolade blieb in Klümpchen. Sie kostete und stellte fest, daß dies die bessere Variante gewesen sei."
„Interessant", meinte ich, „aber ich weiß nicht, wie Sie das oder auch das Coca-Cola-Beispiel verallgemeinern können. Sie hatten einfach alle Schwein, dabei bleibt's."
„Ha! Sie machen es mir nicht leicht, Junge! Ja, Schwein bleibt Schwein, aber Sie könnten es für Ihre Karriere gut gebrauchen, nicht wahr? Daher sollten wir vielleicht hinter die Geheimnisse kommen und ‚Schweinologen' werden."
Wenn ich meinen Gefährten gut genug beschrieben habe, können Sie sich jetzt sicher vorstellen, daß er mir, von seiner Wortkreation erheitert, unter bellendem Gelächter aufs Knie schlug.
Dann wandten wir uns wieder dem „Schwein-Haben" zu.

Levi's-Jeans

„Levi Strauss kam als Teenager nach Amerika", sagte er, „und siedelte sich in Kentucky an, wo er sich als Händler betätigte. Als er von den *Gold*funden in Kalifornien erfuhr, reservierte er sofort einen Platz auf einem Klipper nach San Francisco.
Um Geld für die Goldgräberausrüstung zu verdienen, nahm Strauss Waren mit, die er den anderen Passagieren verkaufen

wollte. Ein großartiger Plan. Er verkaufte alles. Alles bis auf einige Rollen Zeltstoff, die niemand gewollt hatte. Als er in San Francisco ankam, versuchte er es noch einmal mit dem Zeltstoff. Wieder ohne Erfolg. Aber während er auf dem Marktplatz stand, kam er drauf, daß Hosen Mangelware waren. Das Schürfen zog die Hosen arg in Mitleidenschaft.
Also stellte Levi Strauss einen Schneider an, der aus dem Stoff Overalls nähte. Die Nachfrage war so groß, daß der junge Händler seine Schürfambitionen aufgab, nachdem er ja bereits Gold in San Francisco entdeckt hatte."

Der Vater aller Erfindungen

Wieder sah mich Max erwartungsvoll an. Was eine Unterhaltung mit ihm so anregend machte, war die Tatsache, daß immer irgendeine schwere Frage auf einen lauerte. Diesmal lautete sie: „Warum, glauben Sie, erzähle ich Ihnen diese Geschichten?"
Überzeugt antwortete ich: „Um Ihren Standpunkt zu untermauern, daß Innovationen ein unordentliches Geschäft sind, eines, das aus Herumspielen und -springen besteht."
„Sie haben es, junger Freund! Ideen und Zufälle sind Halbgeschwister. Wenn man ihnen einmal Beachtung schenkt, sieht man ein Zusammentreffen, wohin man schaut."
An dieser Stelle zögerte ich: *„Wohin man schaut?"*
„Richtig. Ich erzählte Ihnen von Cola, Levi's und Toll-House-Keksen, weil das Produkte sind, die Sie kennen. Nicht jeder

Einfall ist eine Coca-Cola-Idee. Aber Ideen gibt es auf jeder Stufe."
„Zum Beispiel?"
Max Elmores Antwort kam wie aus der Pistole geschossen. „Vor kurzem hatte ich ein Gespräch mit Stephen Cuomo von Cannondale-Fahrrädern. Er erzählte mir, wie die Fahrräder zu ihrem Namen gekommen waren.
Anfangs bestand das Unternehmen bloß aus seinem Gründer, Joe Montgomery, und zwei Angestellten sowie angemieteten Räumlichkeiten, die über einer alten Konservenfabrik lagen. Am ersten Arbeitstag schickte der Eigentümer einen seiner Mitarbeiter weg. Er sollte die Telefongesellschaft anrufen, damit sie einen Anschluß herstellte. Der Mitarbeiter machte sich also auf den Weg zu einer Telefonzelle am Bahnhof. Die Leute von der Telefongesellschaft bestanden sinnvollerweise darauf, den Namen des Unternehmens zu erfahren. Das Problem war nur, daß der Eigentümer noch nicht dazugekommen war, einen auszusuchen. Der Mitarbeiter faßte den Entschluß, einen vorläufigen Namen zu nennen, um die Sache ins Rollen zu bringen. Er sah sich um, und sein Blick fiel auf das Schild mit dem Bahnhofsnamen: CANNONDALE-BAHNHOF. Also sagte er *‚Cannondale'*. Der Name gefiel allen, und so blieb es dabei."
Bevor ich noch meine Meinung dazu äußern konnte, sagte er: „Nein, ich kenne ein besseres Beispiel – die ‚China-Mist'-Teegesellschaft. Sie verkauft Eistee an Restaurants quer über die Vereinigten Staaten bis nach Kanada. Berühmt ist sie für ihre ungewöhnlichen Teearomen.

Vor nicht allzu langer Zeit fragte ich den Generaldirektor, Dan Schweiker, wie die Gesellschaft mit allen diesen Aromen auf den Markt gekommen sei. Er erzählte mir vom Feigenkaktusgeschmack, der aus den Früchten dieser Pflanze gewonnen wird. Er wurde aufgrund einer Anfrage eines Restaurantbesitzers aus Santa Fe hergestellt. Manchmal muß man nicht einmal eine Münze werfen – die Idee kommt ganz von selbst.

Aber das Beispiel, das ich Ihnen eigentlich geben wollte, ist das der Beerenmischung. Dazu kam es, weil am Ende des Herstellungsprozesses von Früchtetees plötzlich drei Teilladungen übrigblieben. Statt sie wegzuwerfen, mischte man alle drei zusammen ... gemischte Früchte. Daraus wurde eine der beliebtesten Teesorten."

Max resümierte: „Geschäfte und Karrieren sind so wie alles andere auf der Welt: eine Serie von Zufällen. Die meisten Leute glauben an das alte Klischee, wonach ‚nichts so läuft wie geplant', verehren aber nach wie vor die Planung. Ich hingegen behaupte, wir brauchen weniger Planer und mehr Schweinologen."

Und dann kam ein Satz über seine Lippen, den ich mir seitdem oft und oft vorsage: „Mag sein, daß die Not die Mutter aller Erfindungen ist, aber der Zufall ist der Vater."

KAPITEL 7

Max Elmore wandte sich wieder dem Blatt mit den „Erfolgsstrategien“ zu, das er zuvor mit mir erstellt hatte. Natürlich stand da noch immer das große X, mit dem alles durchgestrichen war. Er wollte zu dem Abschnitt zurückgehen, den ich „Ein neues Ich schaffen“ genannt hatte. In diesem Abschnitt war ich dafür eingetreten, negative Einstellungen durch positives Denken und Vorbilder zu ersetzen.

In den Ritzen der Logik

„Lassen Sie mich von einer der Erkenntnisse erzählen, die mein Leben veränderten“, begann er. „Es geschah, als mir ein Gedanke kam, der nicht viel Sinn machte. Darin liegt das wahre Lernen – in den Ritzen der Logik.

Damals war ich viel jünger, ungefähr in Ihrem Alter, und arbeitete noch als Journalist. Ich berichtete von einer Konferenz über das, was ‚Einstellungsforschung‘ genannt wird –

ein Haufen Intellektuelle, die ihren Intellekt mit Kaufentscheidungen des Konsumenten beschäftigten.
Man ging davon aus, daß beim Konsumenten ein stufenweiser Prozeß abläuft: vom Produkt erfahren, Gefallen an der Produktidee finden, ihr den Vorrang vor anderen einräumen und schließlich eine fundierte Kaufentscheidung treffen. Man entwickelt eine Einstellung, nach der sich das Verhalten richtet. Ordentlich. Logisch.
Aber am Tag vor der Konferenz war ich zufällig in ein Lebensmittelgeschäft gegangen. Und ich begann, über die von mir ausgesuchten Waren nachzudenken. Seife zum Beispiel. Ich war an den Regalen mit den Seifen vorübergegangen, hatte die Verpackungen gesehen, Verpackung und Farbe gemocht und gedacht: ‚Was soll's!' Dann hatte ich sie gekauft. Es war nicht Erziehung und dann Entscheidung, sondern zuerst Entscheidung und dann Erziehung. Was soll's. Nicht so ordentlich. Nicht logisch. Chaotisch. So wie das Leben."
„Natürlich sprechen Sie", fügte ich hinzu, weil ich ihm helfen wollte, „von unwichtigen Käufen. Billigen Waren. Impulskäufen."
Statt mir zuzustimmen, hob er die Augenbrauen, legte den Kopf zur Seite und bat mich, mir in Erinnerung zu rufen, wann ich das letzte Mal alle Informationen über Konkurrenzprodukte eingeholt und eine sorgfältige, fundierte Entscheidung getroffen hätte. Ich sagte, ich hätte auf diese Art und Weise mein letztes Auto erstanden.
„Was für eines war es?" fragte er.
„Ein Plymouth Reliant. Solid. Praktisch."
„Würden Sie ihn wieder kaufen?"

Ich grinste, weil er mir auf die Schliche gekommen war. „Keinesfalls. Ich würde mir etwas kaufen, was ich wirklich will."
Er grinste zurück. „Sie hätten mehr ‚Was-soll's'-Überlegungen und weniger Statistiken gebraucht. Fakten setzen einen unter Druck. Sie verdrängen die wirkliche Information. Wenn Sie ein Auto wollen, in das Sie sich verlieben können, müssen Sie beim Auto anfangen und dann die Tatsachen überprüfen. Suchen nicht Sie das Auto aus, lassen Sie sich von ihm aussuchen!"
Dieser Rat war einleuchtend, obwohl ich nicht sicher war, daß ich den Grund dafür erklären könnte. Vielleicht war ich „in die Ritzen der Logik" geraten.
Er setzte fort: „Und nun wissen Sie, warum mich Einstellungen nur noch wenig interessieren. Früher fragte ich die Leute immer: ‚Was denken Sie?' Nun frage ich sie: ‚Was haben Sie versucht?'"
Max lachte in sich hinein. „Es ist komisch, wie sehr die Leute an ihren Einstellungen hängen. Erinnern Sie sich an José Torres, den Boxer?"
Ich war mir nicht sicher, nickte aber doch – wohl wissend, daß eine Geschichte folgen würde. „Torres sagte, man könne vor jedem großen Kampf auf die Straße hinuntergehen und einen Penner fragen, wer gewinnen würde. Der nächste Penner wäre wieder anderer Meinung. Sie würden stundenlang diskutieren und einander womöglich selbst in die Haare geraten. José Torres sagte: ‚Das Großartige am Boxen ist, daß ein Penner immer recht haben wird.'" Max grinste und fügte hinzu: „Und dieser Penner wird denken, er sei ein Genie. Das erinnert Sie doch an die Münzenwerfer, oder?"

„Sicher, aber ich bezweifle, daß ich auch nur einen der beiden mit einer Karriere in Verbindung bringen kann.“
Er antwortete: „Hier beginnt das Experimentieren. Lassen Sie Landkarten Landkarten sein, erforschen Sie einfach die Gegend. Sie werden vielleicht denken, wenn Sie nur die richtigen Einstellungen hätten, könnten Sie alles bekommen, was Sie wollen. Aber am meisten sollten Sie darauf hoffen, daß Sie das mögen, was Sie bekommen.
Ein paar Typen untersuchten 16 Unternehmen, die Produkte entwickelt hatten, die die Welt veränderten – die Mikrowelle, den Videorekorder, den Blitzzustelldienst und ähnlich Innovatives. Sie schrieben darüber ein Buch mit dem Titel ‚Durchbrüche‘. Raten Sie, was sie herausfanden!
Sie fanden heraus, daß es *keine Rolle spielt*, wie man ein Unternehmen organisiert. Sie kamen zum Schluß: ‚Man kann einen Durchbruch erzielen, ob man ihn verdient oder nicht.‘ Die Unternehmen entwickelten nicht erst die richtigen Einstellungen und hatten dann den Durchbruch. Sie erzielten ihn und hielten dann hochtrabende Reden über Einstellungen.“

Erfolg durch Nachahmung

Er konnte mir die Verwirrung vom Gesicht ablesen. „Es wird Ihnen gleich sinvoller erscheinen“, sagte er und grinste. Dann kehrte er zur Seite mit den „Erfolgsstrategien“ zurück und las nochmals die Abschnitte über das Finden von Vorbildern und das „Herausarbeiten" von Leistung.

„Die Quintessenz aus dem, was hier steht", erzählte er mir, „lautet: ‚Ahmen Sie Erfolge nach.' Da muß ich an den Footballspieler Raymond Berry denken, der davon redete, ein Trainer für Quarterback-Spieler werden zu wollen. Er beschloß, jeden großen Quarterback genau zu beobachten und das Geheimnis der Passierbälle zu lüften. Sein Schluß? ‚Das einzige, was sie gemeinsam haben, ist, daß jeder den Ball anders wirft.'"

Ich sagte, ich wolle nicht meckern, hätte aber noch immer Schwierigkeiten, den Zusammenhang zwischen all diesen philosophischen Überlegungen und meiner persönlichen Situation herzustellen.

„Gut, dann sprechen wir von dem, was Sie betrifft. Sprechen wir vom Geschäft, das Sie aufzogen, und sehen wir, wie es zu Ihrer und zu meiner Erfolgsstrategie paßt. Erzählen Sie mir die Geschichte noch einmal."

Fehler ausmerzen

Ich erklärte ihm, daß sich unser Geschäftsabenteuer vor rund einem Jahrzehnt abgespielt hatte, bald nach meinem Collegeabschluß. Drei von uns redeten davon, ausbrechen und zusammen ein Geschäft aufmachen zu wollen. Wir kamen zum Schluß, daß wir drei über all die Fähigkeiten verfügten, die man für einen Geschäftserfolg braucht. Monatelang trafen wir uns immer wieder und machten brav unsere Hausaufgaben über das, was laut Fachmeinung für einen Geschäftserfolg nötig ist.

Einer der Burschen war gerade von Los Angeles zurückgekommen, wo er in einem Kopierladen gearbeitet hatte – einem Laden, der aus nicht viel mehr bestand als aus einem großen und mehreren kleinen Kopierern. Jetzt gibt es überall solche Läden, aber damals dachten wir, wir könnten beim großen Geschäft ‚von Anfang an dabeisein'.

Wir ließen die Tabellenkalkulationsprogramme durchlaufen, erstellten einen Geschäftsplan und eröffneten das erste Geschäft. Wir wollten ‚die Fehler ausmerzen' und dann expandieren, bis wir eine Ladenkette hätten.

Einer der Burschen hatte keine Arbeit, so daß er unsere Vollzeitführungskraft war. Der andere Partner und ich stellten das Geld auf und halfen zeitweise aus.

Wir landeten schließlich in einem kleinen Einkaufszentrum an der Ecke, das uns die besten Mietkonditionen bat. Wir konnten uns nicht viel Werbung leisten, aber dank Mundpropaganda wuchsen wir langsam doch. Nach ungefähr sechs Monaten erreichten wir den Break-even und zahlten dem Hauptberufspartner ein bescheidenes Gehalt. Wir dachten, daß wir alles richtig machten, daß wir ‚die Fehler ausmerzten'. Ein weiteres Jahr beständigen Wachstums – und wir konnten Pläne für einen zweiten Standort schmieden.

Dann bekamen wir Mitbewerber – ein zweites Geschäft wie unseres in ein paar Kilometer Entfernung. Und die schickten Verkäufer aus, die die Geschäfte besuchten. Wir waren noch nicht so weit. Es schmerzte uns zwar, aber nur wenig im Vergleich zu dem, was passierte, als das Unternehmen aus L.A. auftrat. Das waren genau die Leute, die uns auf die Idee mit dem Kopierladen gebracht hatten. Sie kamen in die Stadt und fanden einen besseren Standort, der dreimal so groß war wie unserer; sie hielten länger offen und boten nur neue Geräte. Zusätzlich hatten sie Drucker und verkauften Kunstposter und Büroartikel. Sie waren größer und besser. Was sollten wir also tun? Wir konnten uns nicht leisten, es ihnen qualitativ gleichzutun. Wenn wir es über den Preis versucht hätten, wären wir unter den Break-even gefallen. Also schleppten wir uns irgendwie über die Runden, bis wir aus unserem Mietvertrag aussteigen konnten. Wir verkauften die Geräte für weniger, als wir noch zurückzahlen mußten."

Das Resümee aus meinen Erinnerungen lautete: „Ich investierte Hunderte Stunden und Tausende Dollar – für nichts. Zwischen den Geschäftspartnern entstand soviel Abneigung, daß wir einander jetzt kaum sehen. Soviel zum Thema ‚Eine Chance nützen und ausbrechen'."

Irgendein lausiges Geheimnis

Wir legten für den Untergang eines weiteren amerikanischen Traums eine Schweigeminute ein. Max begann als er-

ster wieder zu reden: „Geschichten wie Ihre habe ich zu Hunderten gehört, und jedesmal empfinde ich den Schmerz nach, den dieser Mißerfolg verursachte."
Ich beschloß, einen kleinen Seitenhieb anzubringen, und meinte: „Meiner Meinung nach müßten Sie jetzt sagen, daß unser Geschäft ein Experiment war, das fehlschlug."
Er murrte: *„Sie Ratte!"* und schlug mir scherzhaft auf den Arm. „Noch sind wir nicht so weit, aber bald. Nun wollen wir mal sehen, was uns unsere Erfahrung über Ihre Erfolgsstrategie sagt.
Gehen wir erstens für eine Minute zurück zu den Zielen. Sie hatten Ziele. So wie die meisten Ziele waren sie reines Wunschdenken. Sie zählten Geld, das nicht da war. Aber Sie hatten Ziele. Und Sie hatten Träume.
Ich habe noch nie etwas von einem Geschäft gehört, das mangels Zielen und Träumen fehlschlug. Merkwürdig, daß wir immer wieder hören, Träume und Ziele seien der Schlüssel zum Erfolg. Wenn die Leute sie aber schließlich umsetzen und auf den Markt kommen, geht die Sache in neun von zehn Fällen schief. Hinter diesen Zielen und Träumen muß irgendein lausiges Geheimnis stecken."

Anders sein

„Das Problem mit Ihren Zielen und denen aller anderer liegt", sagte er mir, „darin, daß sich die Welt nicht so lange

zu drehen aufhört, bis die Ziele erreicht sind. Die Technologie ändert sich, die Wettbewerbssituation ändert sich.
Überlegen Sie sich einmal: Was wäre geschehen, wenn Ihr einziges Unternehmensziel das von mir vorgeschlagene gewesen wäre: jeden Tag anders sein? Mit diesem Ziel vor Augen hätten Sie vielleicht in andere Dienstleistungsbereiche expandiert, hätten neue Geräte dazugekauft oder neue Marketingtechniken angewendet. Denken Sie darüber nach.
Sie hatten nicht nur Ziele und Träume, auch Ihre Einstellung war positiv, und Sie fanden ein Unternehmen, das Ihnen als Vorbild dienen konnte. Mit anderen Worten: Sie erfüllten die Bedingungen für Ihre Erfolgsstrategie. Nach Ihrer Formel war Ihnen der Erfolg sicher.
Das ist nichts Ungewöhnliches. Die meisten Geschäfte beginnen so, wie es bei Ihnen lief: Man versucht, einen Zipfel vom Erfolg eines anderen zu erwischen. Aber jeder andere Unternehmer ist mit genau derselben Absicht unterwegs. Die Nachahmer treten in hellen Scharen auf und bekämpfen einander so eifrig, daß sie mit dem Führenden, dem Innovativen, nicht Schritt halten können.

Erfolg ohne Regeln

„Und dasselbe geschieht im beruflichen Bereich, nicht nur im geschäftlichen“, beharrte Max. „Sie versuchen, Vorbilder nachzuahmen, aber das ist nur ein anderer Weg zu den-

selben alten Ideen, die jeder andere auch hat. Noch schlimmer wird die Sache, wenn man mit den Vorbildern spricht. Für gewöhnlich haben sie nämlich ihre eigenen Geschichten zurechtgetrimmt, um sie professioneller aussehen zu lassen – was wiederum bewirkt, daß sie gewöhnlicher aussehen – was wiederum bewirkt, daß ihre Erfolgsgeschichten einander immer mehr ähneln.
Egal wo Sie hinsehen, die Leute versuchen, dem Erfolg auf die Spur zu kommen, indem Sie sich Erfolge ansehen. Das erinnert mich an einen Ausspruch Somerset Maughams: ‚Es gibt drei Regeln beim Verfassen von Novellen. Leider kennt sie keiner.'" Er lachte und ich mit ihm.
Bei Karrieren und Geschäften liegt die Sache etwas anders – jeder kennt die Erfolgsregeln. Sie sind in Tausenden Büchern aufgezählt. Aber das eine Problem bleibt: Wenn man Novellen analysiert, wird man nicht zum Novellisten, und wenn man Erfolge analysiert, wird man nicht erfolgreich. Die Leute versuchen, sich dem Erfolg anzupassen, aber der Erfolg liegt in der Unangepaßtheit.
Sagen wir es so herum: Sie werden nicht Picasso, wenn Sie einen Picasso-Druck nehmen und ihn in den Kopierer legen.
Das alles erklärt, warum ich dieses große X durch Ihre Erfolgsstrategie machte. Sie hätten keine bessere Mißerfolgsstrategie – sei es für Ihre Karriere, sei es für Ihr Geschäft – entwickeln können als die, sich auf Ziele und Nachahmung zu konzentrieren. Mit dieser Strategie werden Sie neun- von zehnmal scheitern, ob wir nun über einen beruflichen Auf- oder einen geschäftlichen Einstieg reden."

Eine schwierige Lektion

„Sind Sie nun für eine noch schwierigere Lektion bereit?“ fragte Max. „Wenn Sie meinen Rat befolgen und statt imitieren innovieren und an jedem Tag anders sein wollen als am vorangegangenen, werden Sie Ihre Chancen verbessern. Sie werden nicht länger in neun von zehn Fällen Schiffbruch erleiden ...“ – dabei bewegte er die Augenbrauen wie Groucho Marx – „... sondern in acht von zehn.“

KAPITEL 8

Sie können sich vorstellen, wie enttäuscht ich war. Ich überlegte mir, ob unsere gesamte Konversation nicht irgendein Über-drüber-Witz war. Ich sagte dem alten Kumpel, ich hätte Schwierigkeiten, mich für ein Programm zu begeistern, das in acht von zehn Fällen zu einem Mißerfolg führe.

Wir waren zu unserem Platz im Korridor zurückgekommen. Er lächelte, als er es sich auf dem Teppich bequem machte, und sagte dann: „Wenn Sie darüber nachdenken, dann ist ein Erfolg in zwei von zehn Fällen gar nicht so schlecht. Würden Sie nicht gerne Lotterielose mit diesen Gewinnchancen kaufen?“ Da mußte ich ihm zustimmen.

Schaff' ich's oder schaff' ich's nicht

„Ob man es wirklich schafft, entscheidet sich wie in einem Lotteriespiel“, setzte er fort. „Sie sind dabei, wenn Sie fähig und arbeitswillig sind. Die meisten Leute ziehen bei einer

Gewinnchance von eins zu zehn ein Los. Ich versuche, Ihnen zu zeigen, wie Sie bei einer Gewinnchance von zwei zu zehn wieder und wieder teilnehmen können.
Es funktioniert so: Die meisten Leute suchen sich eine Karriere aus, tun, was von ihnen erwartet wird, und versuchen, es den anderen Erfolgreichen auf ihrem Gebiet gleichzutun. Das endet damit, daß jeder das tut, was alle anderen auch tun. Wenn eine großartige neue Idee auftaucht, machen sie sich diese natürlich zunutze. Und mit ihnen alle anderen. Wissen Sie, was mit jedem einzelnen geschieht? Jeder will außergewöhnlich sein und kann dabei nur die Vorgangsweise wählen, die alle anderen auch gewählt haben. Worauf läuft das hinaus? – Sie haben im besten Fall eine Eins-zu-zehn-Chance, zu den Top-zehn-Prozent ihrer Branche zu gehören. Eine Karriere, ein Versuch, eine Eins-zu-zehn-Gewinnchance."

Das Spiel ums neue Leben

„Denken Sie an den Beginn einer neuen Karriere oder eines Geschäftes. Die meisten Leute tun es nie, weil es bedeutet, daß sie alles riskieren müssen. Sogar wenn sie durchaus annehmbare Erfolgschancen haben, wagen viele nicht, diesen Schritt zu machen.
Ich interviewte einen Psychologen – John Mowen –, der mir ein wenig von der Psychologie des Spielens beibrachte.

Nehmen wir an, Sie haben ein Nettokapital von 100.000 Dollar – wenn Sie Ihr Haus, Ihr Auto und alles andere verkauften, hätten Sie 100.000 Dollar in bar. Und nehmen wir an, ich würde eine Million gegen Ihre hundert Riesen setzen. Wir würden zwei Würfel benützen, der höhere Wurf gewinnt. Das wäre der zehnfache Gewinn bei einer 50:50-Chance. Würden Sie es tun?“
Bevor ich ja sagen konnte, bat er mich, mir vorzustellen, wie ich meine Frau in meinen Plan einweihen würde, und an meine Tochter und alle unsere Besitztümer zu denken. Er meinte, ich solle mir die Fifty-fifty-Möglichkeit vor Augen halten, daß wir Haus, Auto, Möbel und Eheringe verlieren könnten und mit nichts von vorne anfangen müßten. Nachdem er mir diese Betrachtungsweise nähergebracht hatte, mußte ich ihm sagen, daß ich die Wette wahrscheinlich ausschlagen würde.
„Sie reagieren wie die meisten anderen Leute“, antwortete er. „Und mein Vorschlag lautete fifty-fifty, nicht das realistischere eins zu zehn. Es wundert mich nicht, daß sich so wenige Leute aus dem alten Trott auszubrechen trauen.“

Das Spiel geht weiter

Er ließ mich ein Weilchen über das Spielszenario nachdenken und stellte mir dann eine verfängliche Frage: „Was wäre, wenn bei diesem Angebot die Summen nur

halb so hoch wären? Sie könnten eher bereit sein, es anzunehmen, wenn Sie nicht all Ihr Hab und Gut aufs Spiel setzen müßten.
Eine weitere Frage: Was wäre, wenn es bei den ursprünglichen Summen bliebe, Sie aber öfter als einmal würfeln dürften und damit eine mehrfache Gewinnchance hätten? Wenn Sie es, sagen wir, zehnmal probieren könnten. Sie wären verrückt danach, mich unterzukriegen. Es besteht die Chance, daß Sie fünfmal gewinnen und fünfmal verlieren. Sie würden also fünf Millionen Dollar gewinnen und 500.000 Dollar verlieren. Sie hätten einen Gewinn von viereinhalb Millionen."
Das klang schon besser. Ich überschlug die Zahlen im Geiste – sogar wenn ich neunmal verlöre und einmal gewänne, hätte ich einen Gewinn.
„Tja, das wirkliche Leben bietet einen Handel an, der einerseits besser, andererseits schlechter ist. Wie ich schon sagte, stehen die Chancen, etwas zu erreichen, nicht fünfzig zu fünfzig, sondern viel schlechter. Sie sollten aber eines wissen: In dieser Lotterie bekommen Sie Hunderte von Gewinnchancen, von denen die meisten nur wenig kosten."

Das Spiel um den Endsieg

„So weit sind wir also", erklärte er. „Wir wollen ein Spiel spielen, bei dem viel ausgezahlt wird, bei dem die Ein-

sätze aber niedrig sind und das wir immer wieder spielen und mit Gewinnen beenden können."
Spätestens jetzt konnte ich mir denken, daß der alte Knabe auf seine frühere Annahme hinauswollte, wonach „Experimente nie scheitern". Es sollte dies einer der wenigen Fälle an diesem Abend bleiben, in denen ich recht hatte.

Hören Sie auf, gewöhnlich zu sein

Als nächste eröffnete er mir folgende einfache Weisheit: „Wenn man außergewöhnlich sein will, besteht der erste und härteste Schritt darin, aufzuhören, gewöhnlich zu sein."
Das leuchtete mir ein. Um das Spiel um den Endsieg spielen zu können, mußte man am Anderssein arbeiten, um am Bessersein arbeiten zu können. Das bedeutete ständige Experimente.
Danach bekam ich zwei Regeln fürs Experimentieren zu hören: „Erstens: Es gibt nie einen ‚richtigen Zeitpunkt' oder eine ‚wunderbare Gelegenheit'. Das heißt, Sie beginnen *hier und jetzt.*
Zweitens: Die naheliegenden Ideen sind vielfach schon genützt – aber auch die meisten der nicht naheliegenden. Daraus folgt: *Warum gibt es überhaupt Experimente, wenn man nichts wagen soll?"*

Experimente scheitern nie

Endlich erschien es Max an der Zeit, mir die Logik seiner Aussage zu erklären, wonach Experimente niemals scheitern. Sie werden sich daran erinnern, daß ich ihn vorher Lügen gestraft hatte, indem ich ihm sagte, mein Anlauf zur Selbständigkeit wäre ein Experiment gewesen, das gescheitert sei. Nun war er bereit, über meine Schlußfolgerung zu debattieren.

Seine logische Erklärung war die, daß unser Unternehmen „keine Innovation, sondern bloß eine Imitation" gewesen sei. Dennoch rief er mir in Erinnerung, daß das Unternehmen zu florieren begonnen hatte und erst schiefgelaufen sei, als die Mitbewerber Einzug gehalten hätten. „Ihr Plan war offensichtlich in Ordnung", meinte er. „Er funktionierte eine Zeitlang. Aber Sie experimentierten nicht, wurden nicht besser. Sie waren ein unbewegliches Ziel für Ihre Konkurrenz. Jeder, der auf dem Markt auftreten wollte, konnte hereinkommen, genau sehen, was Sie taten, ein paar zusätzliche Anreize bieten und seine Sache besser machen als Sie. Sie waren zum Scheitern verurteilt." Dann sagte er mit Milde einen Satz zu mir, der mir noch immer im Kopf herumgeht: *„Ihr Unternehmen war kein Experiment, das fehlschlug, sondern ein Fehlschlag beim Experimentieren."*

Er lieferte folgende Erklärung: „Sie und Ihre Partner hatten die Vision eines perfekten kleinen Kopierladens. Ihr Ziel

bestand darin, aufzusperren und dann das alles zu ‚perfektionieren'. Das ist immer ein Fehler."
Schon wieder konnte ich ihm nicht mehr ganz folgen, aber er las sofort die Verwirrung auf meinem Gesicht. Daher begann er gleich mit einer bemerkenswerten Geschichte. Nachdem ich sie gehört hatte, bezeichnete ich mich nie mehr wieder als „Perfektionisten".

Besser als perfekt

Max schilderte mir, wie er eine von Jean-Pierre Rampal, einem der weltbesten Flötisten, geleitete Meisterklasse besucht hatte. Die besten jungen Flötisten des Landes waren zusammengekommen, um vor dem Meister zu spielen. Nach jedem Vorspiel nahm Rampal seine goldene Flöte, sagte: „Vielleicht so!" und spielte ein paar Takte noch einmal. Beide Interpretationen waren wundervoll gespielt, aber oft waren sie sehr unterschiedlich.
Schließlich fragte Max Rampal, ob er gerne ein reproduzierender Künstler sei. Und Rampal antwortete ihm: „Es gibt Abende, an denen ich hinausgehe und ein Stück *perfekt* spiele. Dann, am nächsten Abend, gehe ich hinaus und spiele es noch besser."
Toll! Besser als perfekt. – Das klingt nicht logisch, aber ich verstand es auf Anhieb. Diese Worte veränderten meine Ansichten über Perfektion für immer. Vollkommenheit ist nicht gut genug – man muß noch weiterexperimentieren.

Der alte Knabe fügte einen weiteren Satz hinzu, der mir gefällt. Er sagte mir, sobald etwas als perfekt betrachtet werde, säße es ganz still da und warte, daß Konkurrenten es überholten. Mit – wie er sich ausdrückte – folgendem Ergebnis: *„Perfektion ist das erste Stadium des Veraltens."*
Sobald ich Jean-Pierre Rampals Zitat über „besser als perfekt" gehört hatte, vergaß ich den Stolz auf mein „Perfektionistentum". Ich konnte aber *noch immer* eine Reihe von Experimenten nennen, die sehr wohl scheiterten. Und genau das tat ich weiterhin.
Max wartete, bis ich fertig war, und entgegnete mir dann: „Ich behaupte ja nicht, daß jeder Versuch klappt oder daß jede Entscheidung gut ist. Natürlich nicht. Ich sagte Ihnen schon, daß die meisten Pläne nicht aufgehen. Was ich Ihnen klarzumachen versuche, ist, daß nur die wenigsten Ideen zielführend sind, Experimente aber immer.
Ich glaube, ich hätte besser sagen sollen: ‚Das Experimen*tieren* geht nie schief.' Das würde genauso stimmen und wäre leichter zu verstehen. Aber wissen Sie was? – Wenn Sie etwas versuchen, was sich dann als lausige Idee herausstellt, kehren Sie mit Ihren Überlegungen nie wirklich zum Ausgangspunkt zurück. Sie haben etwas dazugelernt. Wenn schon sonst nichts dabei herauskommt, dann lernen Sie wenigstens das schätzen, was Sie davor machten. Daher ist es meiner Meinung nach richtig, daß Experimente nie scheitern.
Ich will, daß Sie das auch glauben. Das heißt aber nicht, daß Sie feierlich über die ‚wissenschaftliche Methode' und ‚Kontrollgruppen' und all den Quatsch reden sollen. Spielen Sie

einfach herum, probieren Sie Neues aus und halten Sie die Augen offen. Das Schwierige an der Sache ist es, die Leute dazu zu bringen, sich zu verändern, anders zu sein. Die meisten hassen Veränderungen. Aber ich sage Ihnen jetzt einen der wichtigsten Sätze, die sich in diesem grauen Schädel je geformt haben: *„Die Leute hassen Veränderungen, aber sie lieben Experimente."*

KAPITEL 9

Still war es auf dem Flughafen O'Hare geworden. Im schwachen Lichtschein sah der Gang aus, als sei er von Felsblöcken gesäumt – die Menschen und ihr Gepäck verschwammen zu grauen Klumpen. Nur zwei Leute waren hellwach. Der zweite führte mich bereitwillig in ein neues Gesprächsthema ein: den Hawthorne-Effekt.

Der Hawthorne-Effekt

Wenn Sie Soziologie oder Psychologie als Unterrichtsgegenstand hatten, haben Sie wahrscheinlich schon etwas davon gehört. Ich selbst konnte mich daran erinnern, daß sich die Bezeichnung von einem frühen Abschnitt industrieller Forschung ableitet. Ziel war es, herauszufinden, welche Veränderungen für die Zu- bzw. Abnahme der industriellen Produktion maßgeblich sind. Aber zum Erstaunen der Forscher ging die Produktion ungeachtet aller Veränderungen in die Höhe.

Die Forscher schlossen daraus, daß es den Arbeitern gefiel, an den Forschungsarbeiten teilzuhaben – und zwar so sehr, daß sie ihre Produktivität steigerten. Aus diesem Grund wurde der Hawthorne-Effekt oft mit einem Verlust an wissenschaftlichem Wert in Verbindung gebracht. Die mangelnde Wissenschaftlichkeit war darauf zurückzuführen, daß die Teilnehmer über ihre Rolle als Versuchskaninchen Bescheid wußten.
Max erzählte mir, er hätte als Magazinjournalist über den Hawthorne-Effekt geschrieben. Er sagte: „Ich schrieb in den 40er Jahren über Hawthorne und hörte seitdem nie mehr auf, darüber zu reden. Vergessen Sie alles, was Sie über Arbeitspsychologie je hörten. Setzen Sie statt dessen auf Hawthorne, und Sie werden die Nase vorne haben. Oder noch besser: Werfen Sie alle irgendwann geschriebenen Managementratgeber weg – bis auf ein Buch: den Bericht über Hawthorne mit dem Titel ‚*Management und der Arbeiter*'. Dann werden Sie noch mehr Vorsprung gewinnen."

Die Hawthorne-Werke

Die Hawthorne-Werke waren eine riesige Telefonfabrik in Chicago. Sie waren der größte Betrieb der Western-Electric-Gesellschaft, in der die Produktionsgesellschaften von AT&T zusammengefaßt waren. Die Versuche wurden 1924 gestartet – ohne allzu hoch gesteckte Erwartungen. Das ursprüngliche Ziel bestand einfach darin, die Auswirkungen der Beleuch-

tung auf die Leistung der Arbeiter zu erforschen. Die Frage lautete: „Sollte die Fabrik besser beleuchtet werden?"
Und so beschrieb Max die Untersuchungsergebnisse: „Ein einfacher Versuch – einfache Ergebnisse. Je mehr Licht, desto besser. Mit der Helligkeit stieg auch die Produktion."

Die erste Überraschung

„*Aber* dann kam die Überraschung: Als das Licht wieder auf das Ausgangsniveau reduziert wurde, fiel die Produktion *nicht* ab.
Die Forscher waren verwirrt und wiederholten das Experiment mit einer ‚Versuchs-' und einer ‚Kontrollgruppe'. Bei der Versuchsgruppe gab es drei verschiedene Lichtstärken, die Kontrollgruppe blieb bei nur einer. Das sollte die Ergebnisse erhellen, richtig?
Mitnichten! Es war sowohl bei der Versuchs- als auch bei der Kontrollgruppe ein steiler Produktionsanstieg zu verzeichnen."

Die nächste Überraschung

„Sie können sich die Reaktion der Forscher vorstellen. Sie waren so fassungslos, daß sie beschlossen, es noch einmal zu versuchen, diesmal mit einer *Abnahme* der Lichtstärke im

Arbeitsbereich. Als der Helligkeitsgrad sank, stieg die Leistung. Die Reduktion ging so weit, daß sich die Arbeiter zu beschweren begannen, es sei schon so dunkel im Laden, daß sie kaum sähen, was sie täten. Erst dann fiel die Produktion. Schließlich sahen sich die Wissenschaftler damit konfrontiert, daß irgendetwas zunahm – es war aber nicht die Helligkeit."
Als er an diesem Punkt seiner Erzählung angelangt war, gab er mir einen Schubs mit dem Ellenbogen. Ich war so ins Zuhören vertieft, daß ich dadurch fast nach vor gefallen wäre.

Der nicht so ganz kontrollierte Versuch

„Jetzt geht's ans *Eingemachte*", sagte er und bewegte wieder seine Augenbrauen. „Die Forscher brachten die Unternehmensführung dazu, eine neue Versuchsreihe zuzulassen. Diesmal sollte statt des Lichteinflusses jener von ‚Arbeitsunterbrechungen' – oder wie wir es heute nennen würden ‚Kaffeepausen' – untersucht werden. Sie griffen nur fünf Freiwillige heraus und ließen sie in einen eigenen Raum übersiedeln.
Die Versuchsanordnung war nach modernen Maßstäben schlampig. Bei den ‚perfekten' Versuchen von heute wird immer nur eine Variable verändert. Bei Hawthorne hingegen wurden alle möglichen Variablen gleichzeitig angewendet, einschließlich der Übersiedlung in den kleineren Raum mit seiner besseren Beleuchtung und besseren Werkbänken.

Außerdem wurde den Freiwilligen – es waren übrigens alles Frauen – ein finanzieller Anreiz geboten, dessen Höhe von der Leistung der Fünfergruppe anstatt von jener der alten, hundertköpfigen Gruppe abhing. Und einige Vorschriften, darunter die über das Reden, wurden gelockert. Den Arbeiterinnen galt ein besonderes, größeres Interesse von seiten des Managements.
In diese neue Umgebung kam dann auch noch die eigentliche Versuchsvariable: Arbeitsunterbrechungen in verschiedener Länge.
Die Forscher waren erstaunt, als die Leistung dieser Gruppe um 30 Prozent stieg – *ohne* daß der gerade angewendete Pausenplan irgendeinen Einfluß ausgeübt hätte. Für die größte Verwunderung sorgte der Umstand, daß der Output, als die Frauen zu den normalen Arbeitszeiten ohne Pausen zurückkehrten, eine Rekordhöhe erreichte.
Man könnte also sagen, daß der Versuch in einer Forschungskatastrophe endete. Das Ziel des Projektes war es gewesen, Schlüsse aus Arbeitsunterbrechungen zu ziehen. Und wo waren die geblieben? Auf der anderen Seite war die Leistung um 30 Prozent gestiegen! Warum?"

Geld contra Begeisterung

Wenn er mich hätte raten lassen, hätte ich ihm gesagt, daß der Unterschied in der Zusatzzahlung der Schlüssel sei. Aber

Max erklärte, die Autoren des Studienberichts hätten den Schluß gezogen, die Unterschiede seien so geringfügig gewesen und wären daher nur für maximal die Häfte der Zunahme verantwortlich. Was war also mit der zweiten Hälfte?
Max zog den Text seiner Rede hevor und zeigte mir, welche Schlußfolgerungen die Verfasser im Jahr 1939 aus der neuen Arbeitsumgebung gezogen hatten:

> [Die Freiwilligen] legten einen Großteil ihrer Scheu und Angst, oder von dem, was später „Autoritätsfurcht" genannt werden sollte, ab. Sie sprachen ungezwungener miteinander und – in Gesprächen mit Firmenangestellten und den Beobachtern – über sich selbst. Sie entwickelten Begeisterung für die Arbeit. Zwischen den Gruppenmitgliedern entstanden neue persönliche Beziehungen, aus denen tiefe Freundschaften wurden. Sie besuchten einander zu Hause, gingen gemeinsam auf Parties, Tanzveranstaltungen und ins Theater [...]. Am Arbeitsplatz war es nichts Ungewöhnliches, wenn eine Arbeiterin mehr leistete, um ihrer Freundin, die sich vielleicht gerade nicht wohlfühlte, eine Pause zu ermöglichen.

Die Lehren aus Hawthorne

Nachdem Max Elmore die Studie beschrieben hatte, legte er mir seine persönliche Meinung über die Bedeutung

der Ergebnisse dar. „Wenn etwas über den ‚Hawthorne-Effekt' gesagt wird, geht es gewöhnlich in Richtung einer Warnung vor dem Versagen der Kontrolle über die Einstellung der Versuchspersonen.
Nun, die modernen Soziologen packten die Sache verkehrt herum an und lernten die falsche Lektion. Sie betrachten Hawthorne als schlampigen Versuch, der fehlschlug. Aber wir wissen es besser. Die großartige Lektion, die uns Hawthorne erteilt, ist die, daß Experimente nie scheitern. Sehen Sie nur, was wir von Hawthorne alles lernen können:
Erstens: Die Leute lieben Experimente. Sie melden sich freiwillig!
Zweitens: Die Leute wollen zu einem Team gehören, und eine ‚Test'-Gruppe ist ein Eliteteam. Sobald die Leute glauben, zu einem Team zu gehören, beginnen sie einander zu helfen und übernehmen auf diese Weise viel von den Aufgaben einer Aufsichtsperson.
Drittens: Moderne Forscher suchen immer nach der ‚perfekten' Versuchsanordnung. So wird ihre Sicht immer mehr eingeschränkt, bis sie gar nichts mehr sehen. Sie übersehen die Synergien des Lebens. Wenn man eine kleine Veränderung einschmuggelt, spielt sich nichts ab. Wenn man aber die Kleinigkeiten offen und gleichzeitig verändert, kommt etwas Großes dabei heraus – in diesem Fall eine 30prozentige Produktionssteigerung. Hawthorne lehrt uns, daß man alles verändern und dann wieder verändern soll."

Etwas Neues versuchen

Max wandte sein Gesicht zur Decke und betrachtete sie. „Ich denke, ich könnte sagen, daß es die Freude am Experimentieren ist, die mich immer weiterarbeiten läßt. Und indem ich Leute einlade, an den Experimenten teilzunehmen, bin ich Mitglied von allen möglichen Gruppen. Das Gruppenmotto ist immer dasselbe: ‚Versuchen wir etwas Neues.'"
Er drehte sich wieder zu mir und drückte mein Bein, als er sein bellendes Lachen ausstieß, noch einmal ganz fest. „Mein Leben", sagte er zu mir, „war ein einziger langer Hawthorne-Effekt."

KAPITEL 10

Max streckte die Beine aus und starrte auf die dösenden Passagiere. Mit weicher Stimme sagte er: „Ich sollte Ihnen ein wenig Ruhe gönnen."

Wenn Leute Ausdrücke wie „Ich sollte Sie in Ruhe lassen" verwenden, muß man sich fragen, wem zuliebe sie das tun. Normalerweise nehme ich an, daß sie es um ihrer selbst willen tun, aber diesmal schien es anders zu sein. Ich war nicht müde. Ich wollte mehr hören und sagte es auch.

Der Zauber der Arbeit

„Wirklich?" antwortete er ehrlich überrascht. „Sie können eine Menge schwierige Information aufnehmen." Er stand auf und sagte: „Meine Glieder werden steif; drehen wir doch noch eine Runde."

Als wir an den Leuten vorbeigingen, die an die Gangwände gelehnt schliefen – es waren meist Geschäftsleute in blauen oder grauen Anzügen –, wurde mein Gefährte ein wenig wehmütig. „Schauen Sie sich all die Leute an. Sie unterscheiden sich nicht wesentlich von den Landarbeitern in England, die in den Anfangstagen der industriellen Revolution nach London kamen. Die armen Kleinen, die hier in O'Hare schlafen, sind von der größten wirtschaftlichen Umwälzung seit dieser Zeit betroffen und wissen es nicht einmal. Auch die meisten Arbeitgeber wissen es nicht.

Schauen Sie sie an, junger Freund. Niedergeschlagen. Erschöpft und frustriert. Ohne Träume. Im 18. Jahrhundert gab es Fabriken, in denen sich Leute zu Tode arbeiteten. Heute ist es geistige statt körperlicher Arbeit, aber unsere Gesellschaft ist genauso grausam. An die geistige Last, die auf den Arbeitern des späten 20. Jahrhunderts ruht, wird man eines Tages mit Schrecken zurückdenken."

„Was lief schief?" fragte ich.

„Alles und nichts. Einige Branchen sind in den Genuß staatlicher Deregulierungsmaßnahmen gekommen. Andere bekamen Konkurrenz aus dem Ausland. In der Zwischenzeit überschwemmten die geburtenstarken Jahrgänge den Arbeitsmarkt, und gleichzeitig stiegen mehr Frauen ins Karrierekarussell ein. Auf diese Weise bekamen sowohl Arbeitnehmer als auch Arbeitgeber mehr Konkurrenz. Mit anderen Worten, wir wurden von der ‚unsichtbaren Hand' des Kapitalismus geohrfeigt." Er klatschte auf dem stillen Gang in die Hände und erschreckte mich damit für einen Augenblick.

Die Zeit des großen Drucks

„Wir leben in einer Zeit der Überkapazitäten, nicht nur im traditionellen Sinn der industriellen Kapazität – zuviel Aluminium oder zu viele Halbleiter –, sondern auch im Sinne eines Überangebots an Geschäften und dergleichen. Wir haben mehr Fast-food-Restaurants, als wir brauchen, mehr Reinigungen, mehr Kopierläden. Und es gibt zu viele Profis – zu viele Steuerberater, zu viele Rechtsanwälte, zu viele Schriftsteller. Dieses Überangebot bringt einen Preiswettbewerb mit sich. Die Unternehmen werden über die Preise ausgequetscht. Wie können sie ihre Gewinnspannen halten? Indem sie ihrerseits auch Druck ausüben und Lieferanten und Angestellte drücken. Wir leben in einem Zeitalter, in dem ‚Kostenreduzierer' die Stars der Unternehmen sind. Daß ich nicht lache! Und das wird noch für eine Weile so bleiben, egal ob es der Wirtschaft gut oder schlecht geht. Aus diesem Grund glaube ich nicht, daß wir uns zurückbewegen in Richtung Unternehmenstreue und Arbeitsplatzsicherheit. Statt dessen werden wir weiter in der ‚Zeit des großen Drucks' leben."

Damit hatte, wie ich mich erinnerte, unser Gespräch begonnen, und ich meinte: „Damit schließt sich der Kreis. Ausgangspunkt unseres Gespräches waren Ängste und Erwartungen."

Meine Anmerkung weckte im alten Kumpel eine Erinnerung. Er blieb stehen und wandte sich mir zu. „Ich habe seit Jahren

nicht mehr daran gedacht. Aber es ist mir gerade eine Geschichte über Orson Welles eingefallen.
Sie trug sich in den 50er Jahren zu. Welles stand am Höhepunkt seiner Macht als Filmproduzent und seiner Arroganz als Künstler. Er war damals nicht der knuddelige Welles, als den wir ihn später kennenlernten, sondern der hitzige, tyrannische Welles. Und der hitzige Tyrann beschloß, daß die Fernsehgesellschaft CBS aus einem seiner Filme eine Fernsehserie machen sollte. Welles arrangierte ein Treffen mit einem CBS-Vorstand, führte ihm den Film vor und fragte ihn dann nach seiner Meinung.
Nervös antwortete der Vorstand: ‚Großartig. Er gefiel mir. Aber denken Sie, daß ein *Durchschnittsmensch* ihn verstehen würde?'
Welles sah auf ihn hinab und sagte: ‚Nun ja, *Sie* haben ihn verstanden.'"
Als Max mir diese Geschichte erzählte, lachten wir beide so laut, daß einer der schlummernden Geschäftsleute lang genug aufwachte, um sich zu uns zu drehen und uns zu verfluchen.

Über und unter dem Durchschnitt

Dann brachte Max alles, was er mir während unseres Spazierganges erzählt hatte, in einen Zusammenhang: „Wir alle wollen und erwarten, überdurchschnittlich zu sein. Aber da gibt es so viele Überkapazitäten und den rauhen Wettbewerb. Man schaut sich um und sieht, daß alle fähigen Leute in irgendwelchen zweitklassigen Jobs verkümmern. Schließlich kommt man zum Schluß, daß die Lage aussichtslos ist. Man erkennt, daß es in der heutigen Welt schon eines Wunders oder eines Zaubers bedürfte, damit man Erfolg hat."

Es war offensichtlich Zeit für eine Reihe weiterer blauer Flecke, so wie der alte Knabe meine Schulter umfaßte. „Genau das", donnerte er in die stille Halle, „brauchen wir: den *Zauber*. Ist er nicht das, was wir in unserem Leben brauchen? Wir brauchen Erstaunen, Überraschung und Verwunderung. Und liegt in diesem Wort nicht eines der großen Komplimente des Lebens? Stellen Sie sich vor, daß jemand über Sie sagt: ‚Er übernahm die Sache und alles lief, als könne er *zaubern*.'"

Seine Begeisterung rief bei denen, die entlang der Wand zu schlafen versuchten, noch mehr Murren hervor. Daher gingen wir weiter, bevor ich ihn fragte: „Wie paßt das jetzt mit dem Experimentieren zusammen? Liegt der Zauber im Hawthorne-Effekt?"

Das Erfolgsgeheimnis

Diesmal blieb er stehen und ergriff meinen Arm mit beiden Händen. „Moment, junger Freund! Es gibt da einen Schritt, den wir nicht auslassen dürfen. Ich muß Ihnen von dem

Augenblick erzählen, in dem ich das Geheimnis des Erfolges erkannte.
Einer der Männer, über die ich in meiner Zeit als Reporter schrieb, war Walt Disney – Onkel Walt, wie er sich gerne nennen ließ. Da war also dieser Mann, der vor Intelligenz sprühte. Irgendjemand hatte ihn nach seinem ‚Geheimnis' gefragt und er antwortete folgendes: ‚Machen Sie etwas so gut, daß die Leute dafür zahlen, es noch einmal sehen zu dürfen.' Sie können sehen, wie sehr dieses Credo auf seine Filme und Vergnügungsparks zutrifft. Aber wie schaffte es Uncle Walt? Wie erstaunt und entzückt man die Leute so, daß sie immer wieder kommen?
Über diese Fragen dachte ich vor Jahrzehnten nach, als ich mit meiner Tochter ins Kino ging, um ‚Schneewittchen' zu sehen. In diesem Film gibt es eine Stelle, an der Schneewittchen neben einem Brunnen steht. Und es sagt zu einem Schwarm Tauben, das sei ein Zauberbrunnen. Um das vorzuführen, sagt es sinngemäß: ‚Ich wünsche mir, daß mein Prinz kommt.' Dann sehen wir Schneewittchen vom Grunde des Brunnens aus durch das Wasser. Wir betrachten sein Gesicht, das auf der Wasseroberfläche schimmert, als Wassertropfen in den Brunnen fallen und dort ihre Kreise ziehen. Stellen Sie sich nun vor, Sie müßten das Spiegelbild eines Gesichtes in kreisförmig gewelltem Wasser zeichnen. Malen Sie sich aus, wie schwer das ist – vor allem damals, lange bevor es die Computeranimation gab.
Warum ließ Walt Disney wohl seine Künstler die vielen Arbeitsstunden für diesen kleinen Filmausschnitt aufwenden?

Hätte Disney einen mit einem MBA-Diplom in seiner Belegschaft gehabt, hätte ihn der gefragt: ‚Sind Sie verrückt? Schneiden Sie den Unfug mit dem Wasser heraus. Es bringt nichts für die Handlung.'"

Max lachte prustend, weil ihn ein Gedanke erheiterte: „Es ist mir gerade eingefallen, daß der MBA, würde das Gespräch heute stattfinden, sicher noch hinzufügen würde: ‚Und weil wir schon dabei sind – wozu brauchen wir sieben Zwerge, warum nicht *sechs*?'"

Bevor ich noch etwas sagen konnte, setzte Max eindringlich fort: „Aber Onkel Walt war eben kein MBA; er war ein Künstler. Und die Wasserszene blieb im Film. Warum? Weil noch niemand so etwas gemacht hatte. Weil es schwierig war. Onkel Walt hat *angegeben.*

Und in diesem Moment, als ich mit meiner Tochter im Kino saß, erkannte ich das Wesen des Genies. Diese Szene in ‚Schneewittchen' verrät uns ganz leise das Geheimnis des Erfolges ..." Er senkte seine Stimme so weit, daß ich mich zu ihm beugen mußte, um ihn zu verstehen: „Es ist besser, als es sein müßte."

Er trabte wieder los, bevor er hinzufügte: „Wahrer Erfolg stellt sich ein, wenn etwas besser ist, als es sein müßte. Es ist nicht einfach gut, es ist erstaunlich, es ist Zauberei."

Ich verstand, was er sagte, doch erschien mir diese Art von Ratschlag nicht besonders hilfreich. Ich erhoffte mir etwas Praktisches, und er war auf „Genie" und „Zauber" aus. Wer müßte ich sein, um mir diese zwei Zutaten einfallen zu lassen?

Die Logik des Erfolges

Als ich meine Enttäuschung zum Ausdruck brachte, unterbrach er mich. „Seien Sie nicht ungeduldig", sagte er. Dann unterbrach er sich selbst. „Nein, vergessen Sie das: Seien Sie ungeduldig. Aber denken Sie daran, was wir über den Flötisten Jean-Pierre Rampal gesagt haben. Er wollte ‚besser als perfekt' sein. Und nun betrachten wir Disney und sehen, daß er besser war, als er sein mußte. Zusammen erscheint das unlogisch, oder? Aber das ist es nicht, es gehören nur beide Fälle zu einer unterschiedlichen Logik. Vielleicht sollten wir sie die Logik des Unterschiedlichen nennen."

Als nächstes erklärte er: „All diese Experimente klingen nach harter Arbeit. Manchmal wird man sich in der Mittelmäßigkeit davor verstecken wollen. Dann braucht man einen weiteren Teil der Logik des Unterschiedlichen. Denken Sie immer daran: Mittelmäßigkeit ist hart. Kreativität ist leicht."

Wieder zeigte er auf die Leute, die rund um uns schliefen. „All die Leutchen wollen überdurchschnittlich sein. Und sie sind es. Sie sind Spitzenverkäufer und Spitzeningenieure und Spitzenrechnungsprüfer. Das Problem liegt darin, daß es so viele überdurchschnittliche Leute gibt, daß sie wieder zu gewöhnlichen werden – überdurchschnittlich ist durchschnittlich."

Mehr Verschiedenes, weniger Gleiches

„Die Tragödie besteht darin, daß all diese Leute in ihrem Bestreben, besser zu sein, das einzige tun, was sie über das Thema Erfolg je gelernt haben: sich noch mehr bemühen und positiv denken. So kämpfen sie sich verbissen vor, buttern immer mehr Stunden hinein und machen vom gleichen immer mehr.
So packt man es üblicherweise an: Tun Sie mehr! Und es klappt sogar. Überlegen Sie: Ist das nicht die einfache Strategie der Japaner? Wenn bei Ihrem Produkt die Ausschußquote bei einem Prozent liegt, wird sie bei unserem nur ein halbes Prozent betragen. Wenn Ihr Produkt drei Knöpfchen hat, wird unseres sechs haben. Sie sind Meister im Hinauflizitieren. Und es hat geklappt. In der Autoindustrie hat es so lange geklappt, bis sich die Fehlerquote dem Nullpunkt näherte und die Amerikaner aufholten."
Zu diesem Zeitpunkt waren wir an den Ausgangspunkt unseres Spaziergangs zurückgekehrt. Max wühlte in seinen Unterlagen, und es kam ein Cartoon von William Hamilton zum Vorschein. Er zeigte einen Manager am Telefon. Darunter stand: „Sieh mal, Margo, ich prahle nicht mit den vielen Stunden, die ich da hineinbuttere, und ich habe keine Zeit, darüber zu diskutieren, denn ich buttere, wie du weißt, pro Woche hundert Stunden da hinein."

Diesmal bellte er kein Lachen heraus. Statt dessen flüsterte er fast. „Das ist das Leben, das die meisten Leute, die hier auf dem Flughafen sind, führen. Ein entsetzlicher, entseelender Wettbewerb mit dem Ziel, herauszufinden, wer die meiste Zeit investieren kann."

Ein neues Spiel

Dann sagte er: „Wer gewinnt diesen Wettbewerb? Keiner. Bei diesem Spiel verliert jeder. Suchen Sie sich daher ein neues Spiel aus."

„Gibt es denn überhaupt eines?" fragte ich.

„Sicher. Es hat – natürlich – etwas mit Experimenten zu tun."

„Natürlich."

KAPITEL 11

Inzwischen hatte ich das Gefühl, schon genug Philosophisches gehört zu haben. Ich sagte Max, ich sei bereit, zum praktischen Teil überzugehen und zu lernen, wie man diese experimentelle Magie umsetze.

Er erwiderte: „Sie haben es sich verdient, Kleiner. Gleich ist es so weit. Die größte Herausforderung besteht darin, seinen Geist offenzuhalten. Wenn er einmal offen ist, strömen die Ideen nur so herein. Genau das wollen wir für Sie und Ihre Karriere."

Großartiger Ideen würdig sein

Diese Aussage mündete in eine Diskussion über das Entstehen von Ideen. Er erinnerte mich an zwei Geschichten, die er mir schon erzählt hatte: die von Coca-Cola und die von Levi's-Jeans. „Zwei der großartigsten Produktideen aller Zeiten waren einfach Geschenke des Himmels an John Pemberton und Levi Strauss. Einfach Geschenke."

Ich riß einen Witz über deren Glück. Daraufhin versetzte mich der alte Knabe wieder einmal in Erstaunen, und zwar mit der Bemerkung: „Wenn Ihnen der Himmel eine wunderbare Idee eingeben sollte – wären Sie ihrer würdig?“

Ich war froh, daß er meine Antwort nicht abwartete. „Versetzen Sie sich für eine Minute in die Lage John Pembertons, des Apothekers aus Atlanta“, sagte er. „Sie gehen ins Hinterzimmer, wo Sie auf zwei Ihrer Angestellten treffen. Die beiden haben ein Medikament, an dem Sie gerade arbeiten, hervorgeholt und nehmen es zum Spaß ein. Was würden Sie tun? Ganz ehrlich: Was würden Sie tun?“

Ich sagte die Wahrheit: daß ich wahrscheinlich wütend geworden wäre und die beiden auf der Stelle gefeuert hätte.

Dann forderte er mich auf, mich in Levi Strauss hineinzuversetzen. Ich hatte gerade eine lange Schiffsreise hinter mir und wanderte, mein ganzes Hab und Gut samt einigen Rollen Zeltstoff tragend, durch San Francisco. Ich brannte darauf, Gold zu suchen. Ein Goldsucher kommt zu mir her und fragt: „Haben Sie Hosen zu verkaufen?“ Was würde ich tun?

Wieder mußte ich ehrlich sein. Ich mutmaßte, daß ich gereizt geantwortet hätte: „Nein, ich verkaufe keine Hosen. Sind Sie blind? Ich habe Zeltstoff.“

Und so konnte ich nachvollziehen, wie mir zwei der großartigsten Produkte aller Zeiten durch die Finger geschlüpft wären.

Fehler – Geschenke des Himmels

Als nächstes erzählte mir Max Elmore: „Ich bin absolut sicher, daß schon Dutzende großartige Ideen in Ihrem Kopf aufgetaucht und dann wieder spurlos verschwunden sind. Es ist ziemlich schwierig, ihnen gegenüber aufgeschlossen zu sein. ‚Geistige Monokultur' findet in unserer Gesellschaft leider viel zu großen Anklang. Aus lauter Angst vor Fehlern entgeht unserer Aufmerksamkeit völlig, daß sie Geschenke des Himmels sind."

Überquellende Kreativität

„Vor einigen Jahren besuchte ich den 3M-Hauptsitz", erzählte Max. „Dort traf ich ein paar leitende Angestellte, unter ihnen jene, die für die Haftnotizzettel verantwortlich waren. Die Geschichte kennt doch wirklich jeder, oder?" Ich antwortete, ich zumindest wüßte, daß die Zettel mit einem falschen Klebstoff versehen worden waren – mit einem, der so schwach war, daß er „dauernd vorübergehend" klebte.
„Als ich also dort war", setzte Max fort, „fragte ich sie, ob sie noch andere tolle Geschichten dieser Art auf Lager hätten. Sie erzählten mir ein paar, darunter die über die

Entstehung von Scotchgard. Eine Chemikerin von 3M schüttete sich aus Versehen einen Becher mit Flüssigkeit über die Tennisschuhe. Irgendwann stellte sie erstaunt fest, daß diese an einigen Stellen sauber blieben. Es waren, so fiel ihr ein, genau die Stellen, auf die Flüssigkeit gekommen war.

Ich fragte eine Verantwortliche aus der 3M-Gruppe, ob sie mitgekriegt hätte, wie oft ein neues Produkt das Ergebnis eines Fehlers wäre. Sie antwortete: ‚Wir haben es nicht nur mitgekriegt. Wir waren sogar peinlich berührt, als wir einen Schwung Produktentwicklungsgeschichten zusammenstellten. Es erweckt den Eindruck, als wären wir ein Haufen Idioten. Daher überlegen wir noch immer hin und her, ob wir die Geschichten überhaupt veröffentlichen sollen.‘

Ich tat alles in meiner Macht Stehende, um sie von der Richtigkeit dieser Überlegung zu überzeugen. Die Leute müssen wissen, daß Ideen-Haben immer auch Schwein-Haben bedeutet. Aber sie vertrat den Standpunkt, 3M gäbe soviel Geld für Forschung aus – irgendetwas in der Gegend von einer Milliarde Dollar pro Jahr –, daß es nicht so aussehen sollte, als würden dort alle bloß herumschusseln.

Aber genau das bekommt 3M für seine Milliarden von Dollars: eine Menge aufgeschlossener Leute, die darauf warten, über eine großartige Idee zu stolpern. Die Gefahr liegt nicht in einer Blamage, sondern darin, wunderbare Gelegenheiten zu verpassen.“

Entdeckt und versteckt

Danach erzählte mir Max, er habe einmal etwas über einen Mann namens Dr. Don Cooper gelesen. Max fand Coopers Erlebnis sogar so faszinierend, daß er ihn in Oklahoma besuchte, um mehr herauszubekommen.
Cooper hatte eine erfolgreiche Laufbahn als Mediziner hinter sich. Neben seiner normalen Arbeit gehörte er dem Gesundheitsbeirat des Präsidenten an und ist Teamarzt der Fußballmannschaft des Staates Oklahoma. Kurzum, ein erfolgreicher Zeitgenosse. Ein Zeitgenosse, der die Herzmassage erfinden können hätte, es aber nicht tat.
So erzählte mir Max die Geschichte: „In den frühen 50er Jahren war Don Cooper Internist in einem Spital in Kansas City. Ein Mann kam und klagte über verschiedene Beschwerden. Als der junge Cooper sich daranmachte, seinen neuen Patienten zu untersuchen, wurde der Mann zornig und wollte nichts davon wissen. Cooper kam zur Auffassung, der Patient brauche einen Psychiater. Bei der Rücksprache mit einem älteren Kollegen erhielt Cooper die Anweisung, dem Mann ein Beruhigungsmittel zu spritzen und ihn dann auf die psychiatrische Station zu bringen.
Es gelang Cooper, einen Venenkatheter zu setzen, aber sein Patient zeigte immer mehr Argwohn und immer weniger Entgegenkommen. Der nächste Behandlungsschritt bestand im Injizieren des Beruhigungsmittels durch den Katheter. Das

mußte vorsichtig geschehen, da ein zu rasches Vorgehen tödlich sein kann. Der junge Internist hatte gerade mit dem Spritzen begonnen, als der Patient beschloß, aufzustehen und wegzugehen. Im darauffolgenden Handgemenge drückte Dr. Don Cooper die gesamte Dosis des Beruhigungsmittels durch den Katheter. Der Mann fiel zurück und starb!
In Panik legte der junge Internist sein Ohr auf den Brustkorb des Mannes: nichts. Kein Herzschlag. Zu dieser Zeit gab es keine Methode, einen Herzstillstand zu beheben. Mit anderen Worten, der junge Dr. Cooper hatte soeben einen seiner ersten Patienten umgebracht.
Als der Mann tot auf dem Untersuchungstisch lag, wirbelten Coopers Gefühle wild durcheinander. Der Mann war tot, Coopers Karriere möglicherweise ruiniert. Vor Zorn und Verzweiflung schlug er auf den Mann ein und versetzte ihm einen Schlag auf die Brust, genau beim Herz, das zu schlagen aufgehört hatte.
Der tote Mann hustete. Verwundert horchte Cooper ihn erneut ab. Da war ein Herzschlag – unregelmäßig, aber ein Herzschlag. Cooper gab ihm noch einen Schlag. Und der normale Herzrhythmus stellte sich ein."
Ich fragte: „Das war alles? Der Patient war wieder wohlauf?"
„Tja, als der Mann aufwachte, sagte er: ‚Ich fühle mich besser, aber meine Brust tut mir weh, Mann.' Und Cooper sagte nur: ‚Vielleicht haben Sie eine Brustfellentzündung.'"
Max lachte leise in sich hinein und meinte dann: „Eine lustige und zugleich traurige Geschichte. Für den Patienten ging sie gut aus, für die Medizin als Wissenschaft schlecht. Als ich näm-

lich Don Cooper fragte, ob er seine Erkenntnisse in einer Fachzeitschrift veröffentlicht habe, antwortete er: ‚Soll das ein Scherz sein? Ich tötete den Kerl. Ich wollte kein Aufsehen darüber machen. Erst dreißig Jahre später redete ich darüber.' Und es dauerte fast ein Jahrzehnt, bis die Herzmassage wiederentdeckt wurde und in die medizinische Praxis Eingang fand."

Lassen Sie nichts unversucht

Als ich über Coca-Cola, Levi's und die Herzmassage nachdachte, fiel mir unsere Diskussion über die „Schweinologie", die Kunst des Schwein-Habens, ein. Ich erinnerte Max an diesen Ausdruck und meinte dann: „Alles, was Sie mir sagen wollen, ist also, daß ich mich in meinem Sessel zurücklehnen, warten und achtgeben sollte, ob eine großartige Idee auftaucht."

Er grinste mich an, hob seine Hand und zählte die Antworten an seinen Fingern ab. „Die Antwort lautet: nein, nein, ja, ja – *nein* beim Zurücklehnen, *nein* beim Warten, *ja* beim Achtgeben und *ja* bei den großartigen Ideen. Und noch ein *Ja* sollten wir nicht vergessen: das *Ja* beim Experimentieren mit der neuen Idee."

Ich erklärte: „Die Schlußfolgerung lautet also nicht: ‚Unternimm nichts, und eine großartige Idee wird auftauchen.' Sie lautet vielmehr: ‚Unternimm *alles*, weil du nie weißt, woher die großartige Idee kommen wird.'" Ich hatte es offensichtlich kapiert, so daß ich – weil er mir anerkennend fest aufs Knie schlug – mit einer Reihe weiterer blauer Flecken belohnt wurde.

Die Innovations-Option

Ich ergriff wieder das Wort: „Ich will ja keine Nervensäge sein, aber was sollte das alles mit mir zu tun haben? Ich bin bloß ein kleiner Firmenangestellter."

Theatralisch ließ er seine Augen rollen und stöhnte dabei: „Genau das sagt *jeder:* daß es *jemand anderem* leichtfällt. Klar, *er* hat die Zeit; gut, ja, *er* hat das Geld; selbstverständlich hat *er* die Verbindungen." Dann bellte er in den dunklen Gang hinein: *„Nein!"* Fast im Flüsterton fügte er dann hinzu: „Hinterher werden sie schlauer sein. Innovationen erscheinen einfach – nachdem sie stattgefunden haben."

Max ließ mich kurz über das Gesagte nachdenken und setzte dann fort: „Lassen Sie mich anhand eines Beispiels erklären, was ich meine. Nehmen wir den Fall eines Herrenbekleidungsladens in San Francisco. Das Geschäft war bereits so weit zurückgegangen, daß er in die Verlustzone geraten war. Sie glauben, *Sie* als Firmenangestellter hätten Probleme, aber stellen Sie sich vor, Sie würden sechzig Stunden pro Woche arbeiten und trotzdem Geld verlieren – das ist so, als würden Sie Ihrem Unternehmen etwas zahlen, damit man Sie dort arbeiten läßt.

Schon war der Besitzer am Aufgeben. Aber er beschloß, noch mit einem mir bekannten Mann namens David Wing zu reden. Dieser war als Berater von Kleinbetrieben tätig. Der Geschäftsinhaber wollte nicht viel Geld ausgeben, aber trotzdem den Sprung in die Gewinnzone schaffen. Das klingt unmöglich, richtig? Dann kommt dieser David Wing ins Geschäft und fordert, nachdem er sich ein Weilchen darin aufgehalten hat, den Besitzer auf:

1. alles im Geschäft umzustellen;
2. um halb acht Uhr morgens statt um zehn zu öffnen;
3. ein riesiges Aquarium zu kaufen.

Sie würden den Kerl für verrückt halten, nicht wahr? Aber er dachte sich folgendes: Am Geschäft gingen viele Fußgänger vorbei. Das Aquarium im Eingangsbereich würde die Blicke der Passanten auf sich ziehen. Aber warum ein Aquarium?
‚Weil ich', so erzählte mir Wing, ‚zuvor noch nie ein Aquarium in einem Herrenbekleidungsgeschäft gesehen habe.' Es ging, mit anderen Worten, einzig und allein um das Anderssein. Und es regte die Angestellten zu vielen Einfällen an. Es gab dann zum Beispiel eine Schaufensterpuppe, die sich, auf einer Leiter stehend, über das Aquarium beugte und den Eindruck vermittelte, sie füttere gerade die Fische.
Als nächstes kam die Idee, alle Waren umzugruppieren. Der einzige Grund dafür war, dem Geschäft ein anderes Aussehen zu verleihen. Wenn man dieselbe Ware an verschiedene Plätze legt, sieht der Kunde verschiedene Waren.

Als letztes kommen wir zu Wings Einfall, das Geschäft früher zu öffnen. Der Hintergedanke war der, daß Geschäftsleute auf ihrem Weg zur Arbeit eine Krawatte entdecken könnten, die sie bei einem wichtigen Treffen an diesem Tag tragen wollten; oder daß sie draufkommen könnten, daß sie einen wärmeren Mantel oder einen Schirm bräuchten."

Eine 30prozentige Verbesserung

„Sofort stieg das Geschäftsvolumen um 30 Prozent, und das Geschäft warf wieder einen netten Gewinn ab.
Rückblickend betrachtet erkannte der Besitzer, daß er nicht viele Möglichkeiten hatte. Er konnte sich weder einen Preissturz noch eine große Werbekampagne noch einen Geschäftsumbau leisten. Allerdings kam er drauf, daß er trotzdem viele Dinge gleichzeitig ändern konnte. Die längeren Öffnungszeiten ließen den Umsatz um 5 Prozent steigen. Ebenso die Neuplazierung der Ware oder das Aufstellen des Aquariums. Alle drei Änderungen zusammen aber ergaben einen Hawthorne-Effekt auf potentielle Kunden, die bemerkten, daß da etwas vor sich ging, und gerne wissen wollten, was es war. Und ich wette, daß auch das Personal den Hawthorne-Effekt spürte: Sie waren Teil des Experiments. Das bedeutete, daß die Arbeitsmoral stieg und damit bald auch die Qualität des Kundenservices.

Beachten Sie den Zufall, daß der Umsatz im Bekleidungsgeschäft um 30 Prozent stieg – derselbe Wert, der bei den Versuchen im Hawthorne-Werk erzielt wurde."
Da drängte sich mir die Frage auf, ob es immer 30 Prozent wären und nicht 20 oder 40.
„Es könnten 20 oder 40 Prozent sein. Es könnten auch null oder 200 Prozent sein. Aber ich halte an diesem Wert von 30 Prozent fest, weil er eine solide Verbesserung, ein würdiges Ziel bedeutet. Nein, ein Lottozwölfer ist er nicht, aber warum sollte man auf eine Idee warten, die vielleicht einmal im Leben kommt, auf eine Idee wie Coke oder Levi's? Wenn man das tut, sammelt man keine Erfahrung beim Erkennen von Ideen und läßt Dutzende andere Verbesserungsmöglichkeiten, die einem unterkommen, ungenützt."

Der Ruf als Experimentierer

Indem er mich mit dem Ellenbogen stupste, sagte Max Elmore lächelnd: „So, junger Freund, Sie wären doch mit einer 30prozentigen Steigerung bei Produktivität und Einkommen zufrieden, oder?"
Ich gab die erwartete Antwort.
„Gut, also ändern Sie alles, was Sie ändern können. Ändern Sie so viel, daß die Leute merken, daß Sie etwas verändern. Wecken Sie Neugier. Erwerben Sie sich den Ruf, ein Experi-

mentierer zu sein, und die Leute werden mit ihren Ideen zu Ihnen kommen."
Ich verstand, was er meinte, konnte mir aber noch immer nicht vorstellen, wie ich großartige Veränderungen durchführen könnte. Mein Unternehmen hatte eine Menge Politiken und Richtlinien. Wie viele Freiheiten hatte ich? – Nicht viele.

Die Ideenquelle

Er entgegnete mir: „Ich werde Ihnen sagen, wie ich auf gute Ideen komme. Dann habe ich, wenn Sie es versuchen wollen – und wenn dieser Flughafen jemals wieder aufgesperrt wird – eine Aufgabe für Sie, die Sie auf Ihrem Heimflug machen sollten:
Fertigen Sie drei Listen an. Erstens: Schreiben Sie jeden Fehler auf, den Sie in Ihrer Karriere gemacht haben. Hören Sie auf das, was Ihnen das Universum zuflüstert, und Sie könnten eine berufliche Wiederbelebung erfahren, die nur darauf wartet, entdeckt zu werden.
Als nächstes gehen Sie zu den Problemen über. Schreiben Sie allen Ärger auf, den Sie in Ihrem Job haben, plus alle Beschwerden, die Sie von anderen gehört haben. Wenn Sie ein Held sein wollen, lösen Sie die Probleme von anderen.
Zu guter Letzt erstellen Sie eine Liste von allem, was Sie in Ihrer Arbeit tun. Wenn Sie alles verändern wollen, müssen Sie mit einer Liste über *alles* Bestehende beginnen."

Ich war nicht sicher, was er mit dieser letzten Liste meinte. Als ich nachfragte, antwortete mir Max: „Nennen Sie mir jetzt eine Ihrer Tätigkeiten."

„Ich schreibe Berichte, in denen ich die Verkaufszahlen für das Topmanagement zusammenfasse."

„Also würde das ‚Verfassen von Berichten' ganz oben auf Ihrer Liste stehen. Fügen Sie aber noch Einzelheiten hinzu, machen Sie Unterteilungen, umreißen Sie alles. Schreiben Sie auf, wie Sie Ihre Berichte erstellen – jeden einzelnen Schritt; wann Sie sie erstellen; woher Sie die Informationen bekommen; wie Sie sie verteilen. Unter dieser einen Überschrift könnten zwanzig oder gar fünfzig Punkte stehen.

Haben Sie das einmal geschafft, haben Sie es *noch immer nicht* geschafft. Sie sind nie fertig. Ändern Sie Ihre Listen immer wieder. Halten Sie alle drei bei der Hand und lesen Sie sie jeden Tag. Die Listen liefern Material, aus dem Sie tausend neue Ideen machen können. Vergessen Sie nicht: Man kann keine Levi's-Jeans erfinden, wenn man nicht darüber nachdenkt, was man mit übriggebliebenem Zeltstoff anfangen soll."

KAPITEL 12

Max saß da und rieb sich mit übertriebener Geste die Hände. „Fangen wir mit dem Einfachsten an, der Liste der Probleme oder Beschwerden."

Familienproblem, Karrierechance

Dann tat er das, was er die ganze Zeit getan hatte: Er erzählte mir Geschichten. Die von Claude Olney gefiel mir am besten. Ich mag diese Geschichte besonders, weil ich Olneys Videokurs zur Verbesserung der schulischen Leistung selbst gekauft habe. Er trägt den Titel: *„Wo ein Wille ist, da ist auch eine Eins"*.

Sollten Sie sie nicht kennen: Olneys Kassetten- und Videokurse sind eine einzige Marketingerfolgsgeschichte – er verkaufte mehr als eine Million Exemplare. Aber hatte sich Olney hingesetzt und beschlossen, reich zu werden, indem er einen Kurs auf Kassette verkaufte? – Nein. Er setzte sich hin und versuchte, ein familiäres Problem zu lösen.

„Olneys Problem lag darin", erklärte Max, „daß sein Sohn die Zulassungsprüfung für die Arizona State University nicht geschafft hatte – dieselbe Schule, an der Olney Handelsrecht lehrte. Obwohl er seinem Sohn zu einer vorläufigen Zulassung verhalf, sagte ihm seine Erfahrung, daß sein Sohn Hilfe brauchte. So unterzog sich der Professor selbst der Mühe, in die Bibliothek zu gehen und einen Stapel Bücher über das Studieren und Lerntechniken durchzusehen. Er war enttäuscht. In allen Büchern fand sich derselbe langweilige Rat: viel Zeit zum Lernen nehmen, den Fernseher abdrehen und so weiter."

Dieser Teil der Geschichte weckte Erinnerungen in mir. Welcher Student hatte sich das nicht anhören müssen!

„Aber Olney wußte", setzte er fort, „daß intensiveres und längeres Lernen bei seinem Sohn nichts nützen würde. Er legte also den Lernratgeber beiseite und versuchte herauszufinden, was seine eigenen Spitzenstudenten taten, um gute Noten zu bekommen.

Er begann zu beobachten, wo im Hörsaal die besten Studenten saßen, wie sie lernten, welche Gedankenstützen sie verwendeten. Er begann, andere Professoren um Rat zu fragen; er begann, Artikel über Erziehung zu lesen. Er erfuhr zum Beispiel, wie wichtig das Erscheinungsbild von Prüfungsarbeiten ist. Ein Professor der Northwestern University hatte seine Frau einst gebeten, die Prüfungsarbeiten einiger schlampiger Studenten Wort für Wort noch einmal zu schreiben. Dann gab er die Unterlagen seinen Assistenten zur Beurteilung weiter. Die Arbeiten, die mit Feder in der grazilen

Handschrift seiner Frau abgefaßt waren, bekamen durchwegs Einsen. Die schluderigen Originale wurden meist mit einem Befriedigend beurteilt. Eine kosmetische Veränderung, sicher. Aber eine, die seinem Sohn helfen würde.

Ein weiteres Beispiel: Olney stellte fest, daß bei Prüfungen, die Rechenarbeit erfordern, der Großteil der Fehler bloß auf einer Verwechslung der Spalten beruht. Saubere, gerade Spalten senkten die Fehlerquote.

Olney konnte seinem Sohn Dutzende *praktische* Ratschläge geben. Sie zeigten Wirkung: Sein Sohn wurde Bester der Fakultät und legte die Abschlußprüfungen mit Auszeichnung ab."

Max verblieb lange genug bei diesem Beispiel, um darzulegen, daß die von Olney und seinem Sohn unternommenen Anstrengungen den Hawthorne-Versuchen ähnelten. Sie arbeiteten zusammen, probierten Dutzende Techniken aus und überraschten einander mit den Ergebnissen.

„Aber gleichzeitig", fuhr er fort, „keimte in Olney ein anderer Gedanke auf: aus den Studienideen ein Geschäft zu machen. Olney hatte seine Ideen an Studenten weitergegeben, die dann, so wie sein Sohn, ihre Noten verbesserten. Danach vermittelte Olney sein Wissen in Form eines Seminars.

Spätestens jetzt sollte klar sein, daß Claude Olney experimentierfreudig war. Als nächstes versuchte er, den Kurs High-School-Studenten anzubieten; er versuchte, durch Direct-Mailings Studenten anzusprechen; er versuchte es mit Presseaussendungen. Die meisten Experimente scheiterten, aber er hatte seinem Glück auf die Sprünge geholfen.

Er schrieb an den Kolumnisten der „Chicago Tribune“, Clarence Peterson, und fragte ihn, ob er interessiert sei, über seine Seminare zu schreiben. Peterson war interessiert. Die Kolumne führte zu mehr als 3.000 Bestellungen.
Dann geschah es, daß Olney bei einer Hochzeit neben einem ehemaligen Studenten saß und beim Plaudern erwähnte, was er mit seinen Kassetten und Seminaren gemacht hatte. Der ehemalige Student erzählte das einem Freund, dessen Tochter Schwierigkeiten in der Schule hatte. Dieser Freund eines Freundes kaufte eine Kassette, und das Ganze funktionierte bei seiner Tochter. Der glückliche Vater war zufällig im Werbegeschäft tätig. Bald wurde das Programm im Fernsehen angeboten und verkaufte sich zu Tausenden pro Woche.“
Dann fügte Max Elmore zwei Geschichten in der Geschichte hinzu.
„Sie haben vielleicht die Original-Werbespots gesehen, in denen der Schauspieler John Ritter auftrat. Als diese Spots ausgestrahlt wurden, erfreute sich Ritter höchster Popularität im Fernsehen und hatte alle weiteren Werbeangebote abgelehnt. Aber Olney mit seiner ‚Probieren-wir's-doch‘-Einstellung fragte, ob Ritter Kinder hätte. *Ja.* Also sagte Olney: ‚Schicken wir ihm die Kassetten.‘ So geschah es, und Ritter gefielen sie so sehr, daß er seinen eigenen Vorsatz brach und die Spots machte. Was auch für ihn eine vorteilhafte Entscheidung war – Ritter bekommt noch immer Geld für jede verkaufte Kassette.
Und woher kam der großartige Titel ‚*Wo ein Wille ist, da ist auch eine Eins*‘? Olney hatte zuvor den Titel ‚*Wie man auf*

dem College bessere Noten bekommt' verwendet. Es war seine Tochter, damals eine High-School-Schülerin, die den neuen Namen vorschlug."

Viel Einsatz, ein wenig Schwein

Max machte eine Pause. „Die meisten Leute würden, wenn sie Claude Olney treffen, denken: ‚Da haben wir einen Glückspilz!' Habe ich recht?"
„Selbstverständlich. Er *war* ein Glückspilz."
„Okay, aber machen Sie nicht bei *Glückspilz* halt. Er hatte ein Problem zu lösen, und er strengte sich dabei sehr an. Wie viele von uns würden sich so sehr bemühen, um ihren Kindern zu helfen? Und wenn wir es täten: Wie viele von uns würden über die erste gute Idee hinausdenken und Dutzende andere folgen lassen? Mir fällt keine Erfolgsgeschichte ein, hinter der nicht außerordentlicher Einsatz steckt, der die Sache so aussehen läßt, als habe einer ein wenig Schwein gehabt.
Das leitet zur Frage über, ob das Geheimnis des Erfolges in der ‚Anstrengung' statt im ‚Zufall' steckt. Ja und nein. Es gibt niemals nur einen einzigen Erfolgsfaktor. Betrachten Sie doch alle Faktoren in Olneys Geschichte. Er war ein guter Vater. Er hatte ein Problem zu lösen. Er verwarf die althergebrachten Abhandlungen zu diesem Thema und den konventionellen Rat, härter zu arbeiten. Er war

experimentierfreudig. Er ließ nichts unversucht. Außerdem war er aufgeschlossen, und er erkannte, daß er etwas Lohnendes entdeckt hatte. Danach begann er, Marketing zu betreiben, und fing mit den Experimenten wieder von vorne an.
Da stellt sich die Frage: Kam Olney zu den guten Ideen, oder kamen die guten Ideen zu Olney?“

Der Ideenstrom

„Nun ja“, begann ich zögernd, „er zog aus und stieß auf ein paar bestehende Ideen wie die, Prüfungsarbeiten noch einmal zu schreiben. Und dann stießen ein paar Ideen auf ihn, zum Beispiel der Name für die Kassetten und die Verbindung zur Werbebranche. Die Antwort lautet daher: *beides.*“
Er begann zu applaudieren. „Richtig, Kleiner, richtig.“
Dann meinte er: „Olney ließ sich vom Ideenstrom mitreißen. Man muß sich einmal hineintrauen. Es ist unmöglich, mit Sicherheit zu sagen, welche Ideen sich als gut und welche sich als schlecht herausstellen werden. Man fängt mit so vielen wie nur möglich an. Und diese Ideen werden andere nach sich ziehen. Wenn man sich erst einmal in den Strom hineingetraut hat, werden neue Ideen auf einen einströmen.“
Und schon war er bei der nächsten Geschichte.

Die Sache mit dem Klettverschluß

„Weil wir", sagte er, „gerade über Ideen sprechen, die einem durch den Kopf schießen: Wissen Sie, wie der Klettverschluß erfunden wurde?" Ich wußte es nicht.

„Wir sind in den 40er Jahren in der Schweiz: Ein Mann namens George de Maestral ging auf seinem Heimweg durch den Wald. Als er nach Hause kam, sah er, daß in den Stulpen seiner Wollhosen Kletten hingen. Er wußte, daß es sinnlos war, sie wegbürsten zu wollen. Als er sie abzupfte, fragte er sich, wie sie es bloß anstellen, sich so fest in den Hosen zu verhängen.

Als er die Kletten unter ein Mikroskop legte, sah er, daß jede von ihnen ein aus lauter kleinen Haken bestehender Ball ist. Der Stoff seiner Hosen bestand aus Wollschlingen. Die Haken der Klette hielten sich an den Schlingen fest.

George de Maestral machte sich daran, das Klettensystem mit Stoff nachzuahmen. Nach jahrelangen Versuchen war er schließlich imstande, das zu tun, was die Klette tat. Er gab seinem neuen Produkt den Markennamen ‚Velcro', der sich aus den ersten Silben zweier französischer Wörter ableitet: *velours* für ‚Samt' und *crochet* für ‚Haken'."

Wie gewohnt fragte mich Max, was wir von de Maestral und Velcro lernen könnten. Ich sagte, er habe ein Problem in Angriff genommen und daraus ein Geschäft gemacht. „Richtig", erwiderte Max schnell. „Und für die Antwort auf folgende

Frage gibt es Extrapunkte: Hat George de Maestral das Problem gelöst?“

Ich antwortete: „Nein, er löste das Problem des Entfernens von Kletten aus Hosenstulpen nicht im geringsten, oder?“

„Als ich Ihnen“, setzte Max fort, „vorschlug, eine Liste mit Problemen anzufertigen, wollte ich Ihren Einfallsreichtum nicht hemmen, sondern fördern. Die Leute sagen immer: ‚Ein Problem ist eine Chance.‘ Normalerweise meinen sie damit, jedes Problem biete die Gelegenheit, den gekonnten Umgang mit Problemen zu demonstrieren. Man beschließt, Probleme zu ‚lösen‘, mit ihnen ‚fertig zu werden‘, sie zu ‚bewältigen‘. Aber Mister Velcro ‚löste‘ die Klette nicht, er freundete sich mit ihr an. Ähnliches sagt uns ein indisches Sprichwort: ‚Wenn man an den Fluß zieht, soll man mit den Krokodilen Freundschaft schließen.‘“

Über diese Vorstellung mußte ich lächeln, schüttelte aber gleichzeitig den Kopf, weil ich nicht wußte, was er meinte. Das führte uns zu einer weiteren Geschichte.

Dave Thomas und Wendy's

„Eines Tages hatte ich ein Treffen mit Dave Thomas, dem Typen, der die Hamburger-Kette Wendy's gegründet hatte. Zuerst sprachen wir über die Art, wie neue Gerichte entstehen. Er erzählte mir, daß er sich ursprünglich entschlossen hatte, bei Wendy's keine Salate anzubieten, jetzt

verkaufe seine Firma aber mehr Salate als alle anderen Ketten.
Wendy's kaufte haufenweise grünen Salat für die Sandwiches, für das Innere der Köpfe, die ‚Salatherzen', gab es aber keine Verwendung. Also wurden sie einfach weggeworfen. Thomas kam zu der Auffassung, daß es ihm doch möglich sein müßte, mit all den übriggebliebenen ‚Herzen' etwas anzufangen. Er überlegte: Gab es jemanden, der sie kaufen würde? Wofür könnten er sie brauchen? Erst dann fiel Thomas ein, daß er eine Hauptzutat für Salate vor sich hatte."
Die Moral der Geschichte war mir klar, und ich setzte fort: „Sobald Thomas angefangen hatte, darüber nachzudenken, wie er *jemand anderen* überreden könnte, die Überbleibsel zu verwenden, erkannte er, daß er sie auch selbst gebrauchen könnte. Er freundete sich mit dem Problem an, das von da an keines mehr war."
„Exakt."
„Aber das gilt nicht immer, oder? Es gibt sicher viele Probleme, die man nicht umkehren und in Vorteile verwandeln kann."

Dick Fosbury und der „Fosbury-Flop"

„Das stimmt", entgegnete Max lächelnd, „mit manchen Krokodilen kann man besser, mit anderen schlechter Freundschaft schließen. Aber man muß sie immer alle kennenlernen. Hier ist ein Beispiel für ein Problem, das man als ‚unüberwindbar' bezeichnen könnte: Was tun Sie, wenn Sie ein Hochspringer werden wollen und schlecht in die Höhe kommen? Das ist ein böser Scherz!" Diese Anmerkung war von einem Ellbogenknuff in meine Seite begleitet.

„In den 60er Jahren gab es", begann er, „einen Kerl namens Dick Fosbury, der das erfand, was später als ‚Fosbury-Flop' bekannt wurde. Er war der erste Hochspringer, der die Stange rückwärts übersprang.

Ich traf Fosbury einmal, und er zeigte mir sogar die Goldmedaille, die er bei den Olympischen Spielen in Mexiko gewonnen hatte. Ich fragte ihn, wie er dazu gekommen sei, die Stange rückwärts zu überspringen.

Er erklärte, er habe in der Unterstufe des Gymnasiums den Schersprung gelernt, bei dem man die Stange fast aufrecht überwindet. Auf dem College ließ ihn sein Trainer zur ‚Rolle' übergehen, bei der man – bei gesenktem Kopf – zuerst mit Knien und Schultern die Stange überspringt. Aber sobald der Trainer erkannt hatte, daß Fosbury schlecht in die Höhe kam, verlor er das Interesse. Daraufhin begann Fosbury, mit seinem alten Schersprungstil zu experimentieren.

Er stellte fest, daß sein Scheitern beim Schersprung immer darauf zurückzuführen war, daß er die Stange mit dem Rumpf zu Boden warf. Das brachte ihn auf die Idee, sein Gesäß beim Sprung zu heben, was er durch Zurückbeugen erreichte. Bald beugte er sich so weit zurück, daß er keinen Schersprung mehr machte, sondern einen eigenen Stil entwickelt hatte."

Max betrachtete mich mit gehobenen Augebrauen und erwartete eine Schlußfolgerung von mir.

„Diesmal scheint es leicht zu sein“, sagte ich. „Fosbury war kein guter Springer. Das zwang ihn, mit andern Stilen zu experimentieren. Was ihn zum nächsten Problem führte: seinen Hintern aus dem Weg zu bekommen. Dann begannen die Experimente von neuem.“

„Wieder richtig. Man könnte sagen, Fosburys mittelmäßiger Hochsprung sei sein Feind gewesen. Dann aber wurde er zu seinem Freund.

Und bevor wir diese Geschichte abschließen, sollte ich noch etwas erwähnen: Fosbury erzählte mir, daß er keine seiner Innovationen bewußt geplant hatte. Er befaßte sich bloß mit seinem Problem – mit welchem Körperteil er die Stange berührte – und arbeitete dann daran, es aus der Welt zu schaffen.

Das ist wichtig, weil ich bei Ihnen nicht den Eindruck erwecken will, als wären diese Entdeckungen von Problemlösungen immer ein Triumph von Analyse und kühler Berechnung.“

Steve Allen und die Talk-Show

„Ein gutes Beispiel für diesen letzten Punkt ist der Einstieg Steve Allens ins ‚Talk-Show‘-Geschäft“, sagte Max. „Früher machte er eine 30minütige Radioshow, bei der er Platten spielte und für Erheiterung sorgte. Wenn er auf Sendung herumalberte, konnten die Zuhörer das Lachen von Leuten ver-

nehmen. In Wirklichkeit handelte es sich dabei um Personal des Radiosenders, aber die Zuhörer nahmen an, es gäbe ein Publikum. Dann begannen die Leute, bei Allen anzufragen, ob sie bei der Show dabeisein könnten. Er hieß jene, die ihn besuchen wollten, bei sich willkommen, und schon bald stand rund ein Dutzend Leute während seiner Shows herum.
Die Existenz dieses inoffiziellen Publikums veranlaßte die Radiostation, Allen in ein größeres Studio zu verlegen und seine Show auf 55 Minuten auszudehnen. Gleichzeitig weigerte sich der Sender aber, ihm mehr zu zahlen. Leicht verbittert weigerte sich Allen, mehr Texte zu schreiben. Statt dessen füllte er die zusätzliche Zeit mit Fragen an die Gastsänger und -musiker.
Eines Abends tauchte der angekündigte Gast, Doris Day, nicht auf. Mit einer halben Stunde freier Sendezeit konfrontiert, sagte Allen soetwas wie: ‚Da Doris Day nicht gekommen ist, werde ich mit jenen Leuten reden, die das schon gemacht haben.‘ Und er zog sein großes Standmikrofon ins Publikum hinaus. Er entdeckte, daß plötzlich alles, was er sagte, lustiger war. Danach baute er Publikumsinterviews ins Programm ein. Die Show wurde so beliebt, daß ihm die Größen Hollywoods anboten, auf ein improvisiertes Radiogespräch vorbeizuschauen.
Dank einer Reihe von Problemen – Leute, die zu einer Show kommen wollten, bei der kein Platz für Publikum vorgesehen war, Allen, der für das längere Programm kein zusätzliches Honorar erhielt, Doris Day, die nicht erschien – erfand Steve Allen das, was später als ‚Talk-Show‘ bekannt wurde.

Es ist Ihnen sicher aufgefallen, daß er nie darauf aus war, etwas zu erfinden; er bemühte sich nicht einmal bewußt um eine Analyse seiner Probleme. Er ließ sich einfach von ihnen führen."

Ich hatte einen Vorschlag: „Hätte er nicht ewig auf seine Probleme warten wollen, hätte er sich selbst fragen können: ‚Was könnte schiefgehen?' und dann: ‚Was könnten wir unternehmen, wenn diese Dinge tatsächlich schiefgehen?'"

Max rappelte sich so weit auf, daß er eine vollendete Verbeugung machen konnte. „Der Student lehrt den Lehrer", sagte er mit vorgeneigtem Oberkörper.

Offensichtlicher Mut

Sobald ich Max dazu gebracht hatte, sich wieder hinzusetzen, begann er, über das Lösen von Problemen nachzudenken. „Denken Sie daran: Im nachhinein erscheinen die Lösungen offensichtlich. Hin und wieder sind sie einfach umzusetzen – so wie die Bereicherung der Speisekarte von Wendy's durch Salat. Viel öfter aber erfordern die Lösungen großen Mut. Claude Olney brachte seinen Sohn trotz mangelnder Qualifikation aufs College. Ich bin sicher, daß es Leute gibt, die ihm sagten, er beginge einen Fehler, wenn er seinen Sohn der Gefahr eines Mißerfolges aussetze. Und überlegen Sie, wie gewagt es für Steve Allen war, an dem Tag, an dem Doris Day nicht erschienen war, mit seinem Publikum zu sprechen. Und stellen Sie sich vor, wie abschätzig sich erst die Leute über George de Maestral geäußert haben müssen, als er Jahre damit verbrachte, eine Klette nachzubauen. Und überlegen Sie, wie sie über Dick Fosbury und seinen ‚Flop' gelacht haben müssen.

Vergessen Sie nicht: *Die Durchführung von Experimenten ist leicht, die von Veränderungen aber schwer.* Keine der genannten Personen begann mit einer großartigen Vision und arbeitete dann darauf hin. Diese Personen waren *keine* Zielsetzer oder Planer; sie waren Abenteurer."

Die Expedition

Dann beendete Max diesen Teil des Gesprächs mit Worten, die ich nie vergessen werde: „Jedes Dilemma schreit nach Experimenten. Jedes Experiment ist eine Frage, die der Welt gestellt wird. Jede Antwort ist eine Reise. Lassen Sie das Leben die Route planen. Ihre Aufgabe ist es, leichtes Gepäck und eine Kamera mitzubringen."

Nachdem er *das* gesagt hatte, meinte er, er müsse „seine Augen ausruhen". Ich traute mich nicht, etwas dagegen einzuwenden, weil es zu diesem Zeitpunkt bereits nach drei Uhr früh war. Während er döste, versuchte ich verzweifelt, so viel wie möglich von dem Gespräch der vergangenen Stunden schriftlich festzuhalten.

KAPITEL 13

Eine Weile später – als mir die Aufhellung der grauen Wolken sagte, daß sich das erste Dämmerlicht ankündigte – kam einer dieser motorisierten Flughafenkarren vorbei, gab laute Geräusche von sich und weckte meinen Gefährten. Ich machte ihm den Vorschlag, nachzusehen, ob eines der Restaurants seine Vorräte nachgefüllt hätte. Während wir suchten, brachte ich wieder seine Idee, drei Listen als Anleitung zum Experimentieren anzufertigen, zur Sprache. Die Liste mit den Problemen hatten wir bereits diskutiert, und ich drängte ihn, die nächste, die Arbeitsliste, zu beschreiben.

Kreativität wirkt wie Koffein

Max lächelte matt; er schien müde zu sein. Ich meinte, wir könnten auch später darüber sprechen, wenn er sich besser fühlte. Er sagte: „Durchs Reden werde ich mich besser fühlen. Kreativität ist reines Koffein. Entwickeln wir doch ein paar Ideen, bloß zum Spaß.“ Mit diesen Worten hielt er einen vorbeitrottenden Sicherheitswachebeamten auf. Er sagte zu diesem Typen: „Ich muß meinem jungen Freund einige Zaubertricks zeigen. Ich will ihm vorführen, wie man Ideen aus dem Hut zieht."

Der Ideengenerator

Der Sicherheitswachebeamte muß Max für beknackt gehalten haben, aber weil er nichts anderes zu tun hatte, als die Hallen abzugehen, zuckte er die Achseln und nickte ein O.K.
Der alte Exzentriker fragte ihn: „Sagen Sie mir mal, wo könnten Sie in Ihrem Leben ein wenig Kreativität brauchen? Was würden Sie gerne besser können?"
Der Wächter wußte keine Antwort. Erst nach wiederholter Aufforderung erwiderte er: „O.K., mir ist etwas eingefallen. Ein paar neue Entschuldigungen für mein verspätetes Erscheinen am Arbeitsplatz wären nützlich. Meine alten habe ich schon alle aufgebraucht."
Ich stöhnte innerlich, aber Max schien entzückt zu sein. Er sagte mir, ich solle ein Blatt Papier und einen Stift hervorholen. Den Wächter forderte er auf, die beste Entschuldigung, die er in jüngster Zeit verwendet habe, zu nennen.
„Mein Warmwasserkessel ist explodiert", lautete die prompte Antwort. „Eines der Rohre ist geplatzt. Es dauerte länger als einen Tag, jemanden hierherzukriegen. Ich mußte nicht einmal vorgeben, krank zu sein."

Ich wollte instinktiv weitergehen, aber Max schaffte mir an, eine Liste von Wortpaaren anzulegen, deren erstes *Warmwasserkessel* und *explodiert* lauten sollte. Dann wandte er sich an uns beide mit der Bitte, ihm einige Entschuldigungen zu nennen, die wir von Arbeitskollegen gehört hätten – und zwar die ersten, die uns in den Sinn kamen, ob sie nun gut oder schlecht waren.

Er trieb uns an, bis elf Entschuldigungen aufgezählt waren. Ihr Spektrum reichte von einleuchtenden – wie der Kesselepisode und der Zeugeneinvernahme nach der Verhaftung eines betrunkenen Autolenkers – bis zu besonders schrecklichen: Eine Frau kommt zwei Stunden zu spät zur Arbeit, weil sich ihr Kleid im Zippverschluß verfangen hat, oder der Mann, dessen Hund sich losriß und eine belebte Straße hinunterrannte.

Das Ergebnis war eine Aufstellung von Wortpaaren, die Max an der Seite von *02* bis *12* numerierte. Er zeigte uns die fertige Liste und meinte: „Nicht schlecht, aber es fehlt der Pfeffer. Die Sache geht erst dann richtig los, wenn ein Paar Würfel ins Spiel kommt.

Und so funktioniert es: Würfeln Sie zweimal. Sie bekommen, sagen wir, elf und neun. Das sind nun die Vorgaben für Ihre neue Entschuldigung."

Es stellte sich heraus, daß die erste Hälfte, Nummer elf, lautete: „Die ältere Tante ruft an", und die zweite Hälfte, besagte Nummer neun: „Der Hund rannte die belebte Straße hinunter."

Max setzte fort: „Nehmen Sie jetzt die ‚Tante' und ‚Hund verschwand im Verkehrsgewühl', und Sie haben die Grundlage für eine Geschichte. Sie könnten sagen: ‚Die Nachbarin meiner alten Tante rief mich an. Meine Tante hatte sich davongemacht und war ohne Rücksicht auf die Autos mitten über die Straße gegangen. Die Nachbarin brachte sie nach Hause zurück, aber ich mußte rasch hinfahren und dort warten, bis mich meine Mutter ablöste.'"

Wir hatten keine Würfel, also bat er uns, beliebige Zahlenpaare zu nennen. Einige vermittelten uns seltsame Vorstellungen, zum Beispiel das Paar *Gattin* und *im Baum steckengeblieben.* Andere wieder waren makaber, wie *Hund* und *explodiert.*

Max faßte die Ergebnisse der Sitzung zusammen, indem er dem Wächter die Liste überreichte und zu ihm sagte: „Wenn Sie mit Geschichten kommen, auf die Ihr Boß sagt: ‚Das muß einfach wahr sein – niemand könnte eine solche Ausrede erfinden!', werden Sie wissen, daß Sie die Technik der Herstellung von Ideen beherrschen."

Ideen ernten

Sobald wir weitergingen, sah Max mich an und wollte wissen: „Was haben Sie daraus gelernt?"

„Daß man neue Ideen auf die Schnelle entwickeln kann, wenn man weiß, wie es geht."

„Gut. Und was bildete die Ausgangsbasis für neue Einfälle?"

„Alte Einfälle."

„Genau. Neue Einfälle sind alte Einfälle an anderer Stelle. Einige dieser Ausreden waren schrecklich, nicht wahr? Aber

das war egal – der Mist, der am meisten stinkt, gibt den besten Dünger." Dann lachte er über sich selbst. „Ich weiß nicht, ob das stimmt, aber es klingt weise, oder?"
Er sprach weiter: „Wir werden also jetzt herumgehen und Ideen sammeln, so wie man im Wald herumspaziert und Beeren sammelt. Sind Sie zu neuen Taten bereit?"
Er begann, indem er mir eine frühere Diskussion ins Gedächtnis rief: „Als wir über die Erstellung einer Liste von allem, was Sie in Ihrer Arbeit tun, sprachen, habe ich eine sehr detaillierte Vorgangsweise vorgeschlagen. Erinnern Sie sich?"
Ich versicherte ihm, ich könne mich daran erinnern.
„Die meisten Leute", erklärte er, „sehen ihren Beruf zu eng. Jemand, der die größten technischen Fähigkeiten weit und breit besitzt, nimmt an, er sei auch der beste Techniker. Um ein wirklich guter Techniker zu sein, braucht man viel mehr als eine gute Fachtechnik. Man braucht die Fähigkeit, Ideen zu verkaufen, mit Leuten zu arbeiten, Sitzungen zu leiten, idiotische Sitzungen zu vermeiden – Hunderte Fähigkeiten sind da gefragt. Deshalb ist es wichtig, eine Liste mit allen Pflichten, die man am Arbeitsplatz hat, zu führen. Und man sollte seinen Beruf immer wieder neu definieren und die Liste erweitern."

Muhammed Ali

„In Ordnung, das erste Beispiel: Muhammed Ali. Er war ein guter Boxer, aber davon gab es immer genügend. Wie schaff-

te er es, ein internationaler Held zu werden? Es begann an dem Tag, an dem er erkannte, daß sein Job nicht nur darin bestand, Schläge auszuteilen, sondern auch darin, die Massen anzuziehen. Nie werde ich das Interview mit Larry King vergessen, in dem der Champion die Anfänge seiner medialen Präsenz beschrieb.
Ali trug einen seiner früheren Vorkämpfe in Louisville aus. Einige Tage davor war er in einer lokalen Sport-Talk-Show aufgetreten. In derselben Show war Gorgeous George, der Großartige George, der sich wegen eines Ringwettkampfes, der am Tag nach Alis Kampf in derselben Arena stattfand, in der Stadt aufhielt.
Höflich gab Ali unverbindliche 08/15-Antworten auf die ihm gestellten Fragen – eben die gewohnten ‚Ich-werde-mein-Bestes-geben'-Floskeln. Danach fragte der Gastgeber Gorgeous George nach seinem Kampf. Der Ringer begann zu schreien: ‚Ich werde sie töten! Ich werde am Samstag abend Angst und Schrecken in Louisville verbreiten!'
Ali kämpfte seinen Kampf und gewann. Aber es fiel ihm auf, daß er zwar 4.000 Leute in die Arena gebracht hatte, Gorgeous George jedoch 13.000.
Ab diesem Zeitpunkt stellte Ali ein haarsträubendes Benehmen zur Schau. Er sagte voraus, in welcher Runde er zum K.-o.-Schlag ausholen würde. Er verhöhnte seine Gegner und prahlte mit seiner Schönheit. Mit anderen Worten, er übertrug das Showelement vom Ringen aufs Boxen."
Max beendete die Geschichte von Ali mit den Worten: „Dieser Boxer war schlau genug, seine berufliche Rolle breit an-

zulegen. Und er war schlau genug, zu erkennen, daß er von jemandem, der einen anderen Sport ausübte, etwas lernen konnte."

Danach wandte sich Max dem nächsten Schritt zu, indem er die Liste mit alten Pflichten in eine Liste mit neuen Experimenten umwandelte. „Der Grund für unsere Übung mit dem Sicherheitswachebeamten lag darin, Ihnen zu zeigen, wieviel Vergnügen es bereiten kann, Ideen neu zu kombinieren. Ich pflegte Kreativitätstricks wie den anzuwenden: sich hinsetzen und Ideen erzeugen. Könnte sein, daß Sie es auch versuchen wollen. Aber ich würde dabei gerne die Liste mit dem, was Sie tun, auf die eine Seite setzen und die ganze Welt auf die andere."

60 Minuten

Er ging zu einem Beispiel über, das mich total faszinierte. Ich sah immer gerne die Fernsehshow „60 Minuten". Max erzählte mir, wie sie entstand.

„Der Showproduzent Don Hewitt versuchte, ein neues Programm herauszubringen. Er stellte fest, daß es im Fernsehen die Abendnachrichten gab, die das elektronische Gegenstück zur Zeitung bildeten, und Dokumentationen, die Sachbüchern entsprachen. Aber es existierte nichts, was mit Magazinen vergleichbar gewesen wäre. Hewitts Idee bestand darin, ein „Magazin" fürs Fernsehen zu schaffen. Sie sehen, daß man, sobald man ein konkretes Bild vor Augen hat – ein „Magazin“ im TV – nur noch einige Zeit vor einem Zeitschriftenständer verbringen muß, um Ideen fürs Programm zu sammeln.“

Ich antwortete: „Das erinnert mich sehr an das Beispiel mit den Entschuldigungen – es geht einfach um eine neue Zusammenstellung: Magazine und Fernsehen.“

„Genau, und es passiert immer wieder. Wir haben ‚Boulevardfernsehen‘ – Boulevardzeitungen, die mit Fernsehen kombiniert sind. Achten Sie aber auch darauf, daß es Zeitungen im TV-Stil gibt – vor allem ‚USA Today‘. Sie müssen nicht mehr tun, als sich irgendetwas Verbesserungswürdiges auszusuchen und sich dann nach Ideen zum Ausborgen umzusehen.“

Aufbau der Innovationsspirale

Dann widmete Max Elmore, Berater von Präsidenten und Generaldirektoren, seine Aufmerksamkeit meinem bescheidenen Job. „Vorhin sagten Sie, eine Ihrer Aufgaben bestünde im Erstellen von Berichten. Sobald Sie das von sich sagen, haben Sie etwas, woran Sie arbeiten können. Was wäre, wenn Sie sie nicht bloß schriftlich festhielten? Wenn Sie statt dessen das Beste auf Kassette aufnähmen? Oder wenn Sie es auf Computerdisketten überspielten? Und was passiert mit den Daten, die Sie weitergeben: Welchen anderen Verwendungszwecken könnte man sie zuführen? Was tun andere Unternehmen mit ihren Berichten? Was ist mit japanischen Firmen? Was mit deutschen? Verbringen Sie Ihre Mittagspause in der Bibliothek und sehen Sie nach, wie Buchautoren und Magazinjournalisten ihre Daten weitergeben. Tun Sie das, und das Glück wird Ihnen hold sein.

Denken Sie daran: Ideen ziehen andere Ideen an. Sammeln Sie ein paar Vorschläge, finden Sie ein paar Beispiele und konfrontieren Sie dann die Leute, die Ihre Berichte bekommen, damit. Fragen Sie sie, ob ihnen irgendeine der Ideen gefällt. Sie werden entzückt sein, gefragt zu werden. Und sie werden Ihnen neue Vorschläge machen.

Wenn Sie zu Ihnen gehen und fragen: ‚Was könnten wir bloß anders machen, um die Berichte an Sie zu verbessern?' könnte es Ihnen passieren, daß Sie nicht einmal eine Antwort bekommen. Aber wenn Sie den Prozeß in Gang setzen, haben sie etwas, worauf sie reagieren können. Dieselben Leute, die gesagt hätten: ‚So wie sie sind, sind sie gut', werden plötzlich viel dazu zu sagen haben. *Die meisten Leute haben keine Ideen; sie haben Vorschläge.*"

KAPITEL 14

Nun blieb uns nur noch die letzte der drei Listen, die Fehlerliste. Max lächelte beim Gedanken an diese letzte Liste. „Die muß man sich für den Schluß aufheben. Sie ist dem *fortgeschrittenen* Studenten vorbehalten. Kommen Sie darauf zurück, wenn Sie mit den anderen Listen gearbeitet haben. Und wenn Sie auf Ihre Fehler zurückkommen, müssen Sie Ihre Gefühle, Ihre Schuld, Ihren Zorn beiseite lassen.

Es gibt da eine Geschichte, die Joseph Campbell in späten Jahren gerne zum besten gab, die Geschichte eines Samuraikriegers, der ausgesandt wurde, um den Mord an seinem Herren zu rächen.

Der Krieger stellte den Mörder und holte dann mit seinem Samuraischwert aus, um ihm den Todesstoß zu versetzen. Der Mörder spuckte, keinerlei Reue zeigend, dem Krieger ins Gesicht. Da drehte sich der Samurai weg, steckte sein Schwert in die Scheide und ging davon, um an einem anderen Tag wiederzukehren."

Das alles ergab für mich keinen Sinn.

„Er ging davon", erklärte Max, „weil er zornig geworden war und ihm den tödlichen Hieb aus seinem eigenen Zorn heraus

versetzt hätte. Statt dessen beschloß er zu warten und wiederzukehren, damit der Schwertstreich zu einem nicht aus persönlichen Motiven ausgeführten Vergeltungsakt würde. Und genauso müssen Sie Ihre Fehler sehen: emotionslos."
Mit dieser Geschichte hatte er meinen Verstand überfordert – just in dem Augenblick, als ich zu wissen glaubte, was es mit dem Ideenerzeugungsverfahren auf sich habe. Meine Verwirrung war unübersehbar, sonst hätte er das Gesagte nicht untermauert und weitererklärt.
„Sie werden dazu neigen, Ihre Fehler zu verstecken. Sie müssen aber die Disziplin aufbringen, sie einzugestehen und ihnen auf den Grund zu gehen. Peinlichkeit oder Ärger sind da fehl am Platz. Daher muß man später auf sie zurückkommen – wie der Samurai.
Gelegentlich wird es vorkommen, daß Sie eine Dummheit begehen ... daß Sie zum Beispiel am Computer für ein Dokument ein Paßwort eingeben und es dann vergessen. Später, wenn sich Ihre Aufregung über sich selbst oder die Softwarefirma gelegt hat, könnten Sie vielleicht ein kleines Programm entwickeln, mit dem man Paßwörter wieder abrufen kann. Ich traf einen Kollegen, der ein solches Programm geschrieben hat und jetzt vermarktet.
Ich habe eine gute Idee. Eine Bekannte von mir, Naida Axford, betreibt außerhalb von Phoenix eine Rechtsanwaltskanzlei. Immer wenn irgendwer dort Mist baut, sagt ihm ein anderer: ‚Denken Sie an Post-it!' Das erinnert jeden an den schlechten Klebstoff bei 3M, der einen ganzen Industriezweig ins Leben rief, und es kommt ihm wieder in den Sinn, den

Irrtum unter dem Gesichtspunkt zu betrachten, daß man über etwas Nützliches gestolpert sein könnte. Dieser Ausdruck sagt alles: über etwas Nützliches *stolpern.*

Seien Sie darauf gefaßt, mein Freund: An das, was ich Ihnen jetzt gleich sagen werde, werden Sie sich erst gewöhnen müssen. Es kann einen Monat, ein Jahr oder auch ein Jahrzehnt dauern.

Vorhin waren wir einer Meinung, daß Probleme, mit denen man sich anfreundet, keine Probleme mehr sind. Wenn Sie weit genug in ein Problem vordringen, kommen Sie auf der anderen Seite, beim Anti-Problem, wieder heraus. Leidenschaftslos betrachtet ist also ein Fehler schlicht und einfach ein Problem mehr. Dasselbe gilt für den Mißerfolg: Er ist nichts anderes als ein großes Problem. Dringen Sie weit genug in den Mißerfolg vor, und Sie kommen auf der anderen Seite, beim Anti-Mißerfolg, heraus."

Er legte seine gewölbte Hand ans Ohr: „Haben Sie das gehört? Das war das Geräusch einer Hand, die klatschte." Und wieder brach er in lautes Gelächter aus. „Sie werden eines Tages einen guten Samurai abgeben, ich verspreche es Ihnen."

Freude auf den nächsten Morgen

In diesem Augenblick kam der Sicherheitswachebeamte – der, mit dem wir die Liste mit den Entschuldigungen gemacht hatten –, um uns mitzuteilen, daß der Flughafen in Kürze

seinen Betrieb wieder aufnehmen würde und daß wir, wenn wir jetzt gingen, die Schlangen vor den Ticketschaltern vermeiden könnten.
Bevor sich unsere Wege vor den Flugsteigen trennten, gab mir Max zum Abschied einen Rat: „Ich wünsche Ihnen, daß Sie Freude am Experimentieren haben werden. Schwelgen Sie in Ideenreichtum. Lassen Sie nichts unversucht. Seien Sie morgen ein anderer Mensch als heute. Seien Sie einer der glücklichen Krieger, die den nächsten Morgen kaum erwarten können."

Diese Abschiedsworte erklangen vor fast fünf Jahren. Seither sprach ich einige Male mit Max, obwohl ich ihn nie sah. Er lebt auf irgendeiner Insel bei Australien. Ich liebe es, mir auszumalen, wie er dort, irgendwo in den Weiten des Pazifiks, seine Experimente macht.

Max Elmore hätte dieses Buch eigentlich selbst schreiben sollen, woran ich ihn auch bei jedem unserer Gespräche erinnerte. Seine Antwort? – „Ich verbrachte nie viel Zeit damit, in den Rückspiegel zu sehen." Ich aber blieb hartnäckig, so daß er zu guter Letzt sagte: „Sie schreiben es." Also verfaßte ich diesen Band als Zeichen der Hochachtung für den Mann, den ich in jener Schneenacht im Mai traf.

Ich versuche jetzt nicht, mich selbst als Beispiel für einen Riesenerfolg hinzustellen, aber jenen, die es vielleicht interessiert, werde ich erzählen, was nach dieser Nacht mit meiner Karriere geschah.

Auf dem Heimflug tat ich, was er mir vorgeschlagen hatte – ich erstellte meine Listen. Er hatte recht: Sobald ich schriftlich festgehalten hatte, woraus mein Job bestand, und sobald ich eine fortlaufende Liste mit allen Problemen führte, auf die ich stieß oder mit denen dem Vernehmen nach meine Arbeitskollegen konfrontiert waren, war es ganz einfach, auf Ideen für Experimente zu kommen. Kaum hatte ich begonnen, *anders* sein zu wollen, war ich von Ideen nur so umgeben. Als ich zum Beispiel Sam Waltons Autobiographie las, brachte mich allein dieses Buch auf Dutzende Ideen. Und ein Buch mit dem Titel „Walt Disney: An American Original" brachte mich auf Dutzende weitere. Nun ist jeder Roman, jede Fernsehsendung, ja sogar jeder TV-Werbespot für mich eine potentielle Innovationsquelle. Ich sage mir dann immer: „Achtung auf die Neuanordnung, die sie sich ausgedacht haben. Nicht schlecht."

Obwohl ich nie so weit kam, jeden Tag ein anderer Mensch zu sein, nehme ich am dauernden Experimentieren teil. Sobald ich zu experimentieren begann, machten sich die Ideen sogar auf die Suche nach mir.

Innerhalb weniger Wochen nach dieser Nacht in Chicago hatte ich mir den Ruf eines Machers erworben, einer Person, die die Sache ins Rollen brachte, einer Person, die es wert war, gekannt zu werden. Und ich verdiente diesen Ruf auch, weil ich förmlich von Ideen durchströmt war – zum ersten Mal in meinem Erwachsenendasein lebte ich wirklich. Und so kam es dazu:

Ich kehrte als einer von vielen Mitarbeitern an meinen Allerweltsarbeitsplatz zurück. Aber ich kehrte mit einer Liste von Ideen zurück, die ich meinem Chef bei einem Mittagessen ganz zwanglos präsentierte. Ich sagte nie, ich wolle die Abteilung wechseln, ich meinte nur, einige *Experimente* könnten von Nutzen sein.

Er griff einige Ideen heraus und trug sie seinem Chef vor, der seinerseits ein paar hinzufügte. Plötzlich betrachtete mich mein Chef als jemanden, der ihm helfen könnte, bei seinen Vorgesetzten Eindruck zu machen. Innerhalb weniger Monate rückte ich in eine neue, eigens für mich geschaffene Abteilung auf; ich wurde zum Manager für „Spezialprojekte". Ich bekam, mit anderen Worten, den Job eines „Fulltime-Experimentierers".

Während meine einstigen gleichrangigen Kollegen noch immer dieselben Berichte abspulten, traf ich mit den Spitzenmanagern zusammen und sprach mit ihnen über Verbesserungsmaßnahmen für das Unternehmen. Bald reiste ich auf der Suche nach Ideen im Land umher. Ich lernte dabei unglaublich viel – statt gewöhnlicher Arbeit verrichtete ich außergewöhnliche.

Schließlich machte ich eine eigene Firma auf, die sich mit Beratung befaßte. Ich wußte, daß es mehr Berater als Stechmücken auf der Welt gab und daß ich – um mich von den anderen abzuheben – wirklich imstande sein müßte, Probleme zu lösen. Daher entwickelte ich sieben Spezialgebiete, die ich anbieten wollte. Raten Sie, was passierte! – Sechs der sieben erwiesen sich als Flop. Aber das siebente schlug ein, und bald bekam ich Projekte von Dutzenden Firmen.

Ich bin stolz darauf, sagen zu können, daß wir nie aufhörten zu experimentieren. Und weil unsere Kunden wußten, daß wir uns gerne auf Experimente einließen, kamen sie zu uns,

wenn sie etwas Neues ausprobieren wollten. Und wenn diese innovativen Produkte fertiggestellt waren, pflegte ich dem Kunden vorzuschlagen, daß ich einen Artikel über das, was wir getan hatten, schreiben und er als Mitverfasser aufscheinen würde. Damit war uns ständige Präsenz in den Wirtschaftsblättern sicher – nichts anderes als Gratiswerbung.
Da alle Mitarbeiter unseres Unternehmens wußten, daß wir von ihnen Vorschläge hören wollten, waren sie bestrebt, uns in ihre Ideen einzuweihen. Und niemand konnte unter irgendeiner Arbeitsbedingung zu sehr leiden, weil alles dauernd vorübergehend war. (Oft erinnerten wir einander daran, daß „Perfektion das erste Stadium des Veraltens" ist.)
Ich kam sogar dahinter, wieviel es bedeutet, „Freundschaft mit dem Krokodil zu schließen". Schließlich erschien mir auch die Vorstellung eines „Anti-Problems" und eines „Anti-Fehlers" sinnvoll. Nun ist eine geschäftliche Katastrophe eine Chance zur Selbstüberprüfung, zum Beispiel damals, als ich draufkam, daß ich bei einem neuen Großkunden den Zeitplan vermasselt hatte. Als ich einer Deadline zustimmte, irrte ich mich in meinem Kalender um einen Monat und versprach den Endbericht einen Monat zu früh – er sollte in weniger als acht statt der normalen zwölf Wochen fertig sein. Möglich? – Mit bloßer Hast im gewohnten Stil wären eine oder zwei Wochen gutzumachen gewesen, aber nicht mehr. Zu diesem Zeitpunkt entdeckten wir, daß man zwei oder drei Wochen sparen könnte, indem man zwei Schritte zusammenlegte. So hielten wir nicht nur die Frist ein, sondern lernten, bei allen zukünftigen Projekten Zeit zu sparen.

Nein, von einer großartigen Idee, die dem Personal-Computer oder der Mikrowelle vergleichbar wäre, kann ich Ihnen nicht berichten. Unser Unternehmen setzte statt dessen Hunderte kleine Ideen um und errang die Marktführerschaft im Industriebereich.

Rückblickend betrachtet wurde ich über Nacht von Niederspannung auf Hochspannung umgepolt. Buchstäblich über Nacht – eine einzige Nacht in O'Hare. Und es blieb dabei.

Nun bilde ich mir ein, ein glücklicher Kämpfer geworden zu sein, ein Kämpfer für den Wandel. Vielleicht wollen Sie sich mir anschließen. Heute. Jetzt. Hier und jetzt. Sie müssen nur eines wissen: Veränderungen sind schwer, Experimente leicht.

Danksagung, Quellen und weiterführende Literatur

Einer der Vorteile meiner jahrelangen Marktforschungstätigkeit liegt darin, daß ich Demut lernte. Wenn ich ein neues Produkt oder eine neue Werbekampagne begleiten sollte, dachte ich mir: „Huch, was für ein Reinfall! Wollen die wirklich Geld ausgeben, um diesen Mist zu testen?" Und meistens wurde daraus der Hit des Jahres. Dasselbe galt für meine Vorhersagen puncto Marktführerschaft. Daher war es selbstverständlich, mich der Erkenntnis Fats Wallers zu beugen: „Man kann nie wissen, oder?"

In diesem Sinne schreibe ich auch meine wöchentlichen Zeitungskommentare. Jede Woche bedeutet ein kleines Abenteuer für mich, und ich drücke jenen die Daumen, die meine Kolumne lesen. Auf meinem Weg ließ ich keine Gelegenheit ungenützt, jemanden zu treffen, der etwas anderes, etwas Interessantes machte. Viele Geschichten dieser unterschiedlichen und interessanten Leute fanden Eingang in dieses Buch: Mein Dank gilt Jean-Pierre Rampal, Claude Olney, Dave Thomas, Dan Schweiker, Don Cooper, Stephen Cuomo, David Wing, Naida Axford, John Kuslick, Steve Allen und Dick Fosbury für ihre Zeit und ihre Erfahrungen.

Zusätzlich zu den Geschichten über Innovationen, die mir direkt erzählt wurden, sammelte ich fast zwei Jahrzehnte lang solche, die bereits niedergeschrieben waren. Auf diese Sammlung griff ich zurück, um Beispiele in dieses Buch einzubauen. Als ich mein Quellenverzeichnis erstellte, merkte ich, daß ich diese Bücher auch gerne all jenen empfehlen würde, die weiterführende Literatur suchen:

Großen Einfluß auf dieses Werk übte der klassische Bericht über die Hawthorne-Versuche aus, nämlich „Management and the Worker" von F. J. Roethlisberger, William J. Dickson und Harold A. Wright. Die Erstausgabe stammt aus dem Jahr 1939, aber die Ausgabe, derer ich habhaft werden konnte (nachdem ich in drei Bibliotheken angefragt hatte), ist 1961 im Verlag Harvard University Press erschienen.

Drei andere im Text erwähnte Autoren und/oder Bücher sind Burton Malkiel und sein Werk „A Random Walk Down Wall Street" (Verlag Norton, 1990); „Breakthroughs" von P. Ranganath Nayak und John M. Ketteringham (Rawson Associates, 1986); und „Judgment Calls" von John C. Mowen (Simon & Schuster, 1993). Letzterer half mir nicht nur, meine Überlegungen hinsichtlich dessen, was ich die „Leistungslotterie" nenne, zu verfeinern. Als ich Dr. Mowen interviewte, fädelte er dankenswerterweise für mich ein Gespräch mit

Dr. Don Cooper ein, demjenigen, der seinem toten Patienten auf die Brust geschlagen hatte.
Bücher, in denen ich auf Innovationsberichte gestoßen war, sind bezüglich Apple-Computer: „Accidental Empires" von Robert X. Cringely (Addison Wesley, 1992); bezüglich 60 Minuten: „Close Encounters" von Mike Wallace und Gary Paul Gates (William Morrow, 1984); bezüglich Orson Welles: „My Saber Is Bent" von Jack Parr (Simon & Schuster, 1961); bezüglich Samurai: „The Power of Myth" von Joseph Campbell (Doubleday, 1988); und bezüglich Muhammed Ali: „Tell It to the King" von Larry King (Putnam, 1988).
Die Entstehungsgeschichten bekannter Produkte wie Coca-Cola scheinen an mehreren Stellen auf, oft auch in Publikationen des Unternehmens. Zwei Sammlungen von Produktgeschichten, die ich als hilfreich empfand, sind „How the Cadillac Got Its Fins" von Jack Mingo (Harper, 1994) und ein reizendes Kinderbuch mit dem Titel „The Invention Book" von Steven Caney (Workman, 1985).

Was die Entstehung des Buches anlangt, das Sie gerade in Händen halten, bin ich mehreren Leuten zu Dank verpflichtet. Zuerst schulde ich all jenen Dank, die mir bei der Unterbringung meiner Zeitungskolumne halfen und mich so am Schreiben hielten. Mein Dank gilt auch dem Mann, der den Mut hatte, mein Werk als erster herauszugeben: Jim Fickess. Vielen Dank den großstädtischen Herausgebern, die meine Kommentare redigierten, bevor sie erschienen, vor allem Phil Gaitens von „St. Louis Post-Dispatch", Larry Werner und

Randy Salas von der „Minneapolis Star-Tribune" sowie John Genzale und Richard Heimlich, die das Erscheinen bei „King Features" ermöglichten. Ich danke auch den Tausenden von Lesern, die sich Zeit nahmen, mir zu schreiben oder mich anzurufen. Es war das Leserecho, das mich den Entschluß fassen ließ, dieses Buch zu schreiben.
Bob Nelson, Verfasser des wunderbaren und praktischen Werkes „1,001 Ways to Reward Employees" (Workman, 1994), stellte mich Margret McBride von der gleichnamigen Literaturagentur vor, die mein Manuskript zu Henry Ferris von William Morrow and Company mitnahm. Henry, Margret und ihre Assistenten Kimberly Sauer und Davis Fugate machten ein weitaus besseres Buch daraus, als es sonst gewesen wäre.
Schließlich gilt mein Dank Sara Harrell für den Vorschlag des Haupttitels und denen, die die Ideen mit mir durchbesprachen und/oder die ersten Manuskriptentwürfe lasen und verbesserten: Joel Dauten, Jim Fickess, Mark Nelson, Ted Dunham, Lloyd Murphy, Mary Baroni, Tom Hendrick, Ray Karesky, Dan Schweiker, Edvard Richards, Jeanne Winograd, Len Harris, Mark Quale, Steve Patchen, Fred Brownfeld, Sandy Dauten und Roger Axford.

Laurie Beth Jones

JESUS CHRISTUS, MANAGER

Biblische Weisheiten für visionäres Management

ISBN 3-85436-202-1 336 S., 1996

DM 48,– / öS 350,– / sFr 44,50

„Welche Qualitäten machten Jesus Christus zu einem so erfolgreichen Unternehmensgründer? Wie konnte er in drei Jahren sein Team so motivieren, daß es in die Welt hinauszog und diese komplett veränderte? Laurie Beth Jones zeigt, wie erfolgreiche Manager von Jesus bis Walt Disney ihren Mitarbeitern eine Vision mitgeben, die größer ist als sie selbst."

Kazuo Inamori

ERFOLG AUS LEIDENSCHAFT

Das Credo von Japans führendem Unternehmer

ISBN 3-85436-190-4 192 S., 1996

DM 48,– / öS 350,– / sFr 44,50

„Sehen Sie die Welt aus der Sicht eines der größten Unternehmensgründer (Kyocera) unserer Zeit. Es erwartet Sie eine erfrischende Verschmelzung von Inspiration und unvergleichlichem Geschäftssinn. Dieses Buch ist ein Muß für jeden Geschäftsmann, der sich bei weitreichenden Entscheidungen nicht nur von harten Fakten, sondern von innerer Weisheit und dem Wohl des Unternehmens und seiner Mitarbeiter leiten läßt."

Guy Kawasaki

DIE KUNST, DIE KONKURRENZ ZUM WAHNSINN ZU TREIBEN

ISBN 3-85436-191-2 256 S., 1996

DM 48,– / öS 350,– / sFr 44,50

„Fühlen Sie sich von einer übermächtigen Konkurrenz erdrückt? Machen Sie sich die Guerilla-Philosophie Guy Kawasakis zu eigen, und schlagen Sie mit den respektlosesten, verblüffendsten und originellsten Verkaufs-, Marketing- und Produktionsstrategien erfolgreich zurück. Unser Tip: Lesen Sie dieses Buch, bevor es Ihre Konkurrenz tut!"

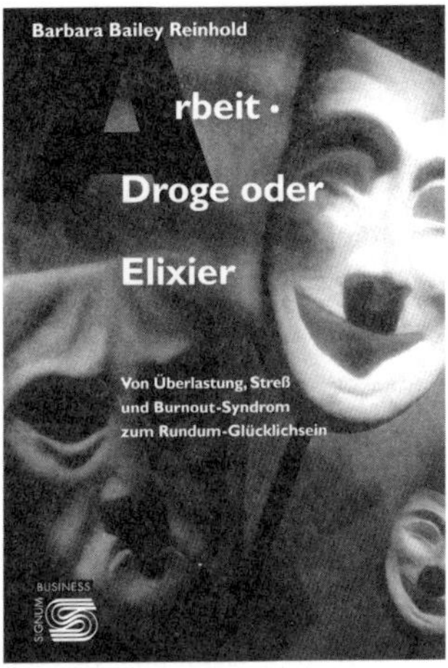

Barbara Bailey Reinhold

ARBEIT · DROGE ODER ELIXIER

Von Überlastung, Streß und Burnout-Syndrom zum Rundum-Glücklichsein

ISBN 3-85436-204-8   288 S., 1996

DM 39,80 / öS 291,– / sFr 37,–

„Dieses Buch ist ein Vitaminpräparat für alle, die ihre Arbeit krank macht. Psychisches, physisches oder spirituelles Unbehagen sind keine endgültigen Diagnosen. Sie sind die Symptome eines Stadiums, in dem Veränderung noch möglich ist. Barbara Bailey Reinhold gibt Ihnen mit ihrem Buch den Anstoß, sich zu verändern."

Jeffrey G. Allen

DER TRICK MIT DEM KARRIEREKNICK

Wege zum beruflichen Durchstarten

ISBN 3-85436-194-7 224 S., 1996

DM 48,– / öS 350,– / sFr 44,50

„Dieses Buch beschreibt, wie Sie aus Ihrer derzeitigen Situation das Optimale herausholen können. Es zeigt auf, warum Sie stagnieren und wie Sie Ihre Karriere auf professionelle Art und Weise auf Vordermann bringen, um endlich den Sprung ins Neue und Unbekannte zu wagen."

R. Kriegel / D. Brandt

DAS LETZTE MUH DER HEILIGEN KUH

Von verzopften Traditionalismen zu veränderungsbegeisterten Mitarbeitern und flexiblen Organisationen

ISBN 3-85436-201-3 384 S., 1996

DM 48,– / öS 350,– / sFr 44,50

„Machen Sie Umstrukturierung in Ihrer Firma zu einem Erlebnis, in das sich alle Mitarbeiter inspiriert und voll kreativer Lust hineinstürzen. Nur wenn Veränderungsbereitschaft von der Basis kommt, durchblutet sie die Organisation mit frischen Ideen – Erste Hilfe für verkalkte Firmenstrukturen!"